Claus Gigl

Abiturwissen Deutsch

Textanalyse und Interpretation

Lyrik, Drama, Prosa

Ernst Klett Verlag
Stuttgart Düsseldorf Leipzig

Bibliographische Information Der Deutschen Bibliothek
Die Deutsche Bibliothek verzeichnet diese Publikation in der Deutschen Nationalbibliographie; detaillierte bibliographische Daten sind im Internet über http://dnb.ddb.de abrufbar

Auflage   4. 3. 2. 1. | 2008 2007 2006 2005
Die letzten Zahlen bezeichnen jeweils die Auflage und das Jahr des Druckes.
Dieses Werk folgt der reformierten Rechtschreibung und Zeichensetzung. Ausnahmen bilden Texte, bei denen künstlerische, philologische oder lizenzrechtliche oder andere Gründe einer Änderung entgegenstehen.
Alle Rechte vorbehalten
Das Werk und seine Teile sind urheberrechtlich geschützt. Jede Nutzung in anderen als den gesetzlich zugelassenen Fällen bedarf der vorherigen schriftlichen Einwilligung des Verlages. Hinweis zu § 52 a UrhG: Weder das Werk noch seine Teile dürfen ohne eine solche Einwilligung eingescannt und in ein Netzwerk eingestellt werden. Dies gilt auch für Intranets von Schulen und sonstigen Bildungseinrichtungen.
Fotomechanische Wiedergabe nur mit Genehmigung des Verlages

© Ernst Klett Verlag GmbH, Stuttgart 2005
Internetadresse: http://www.klett.de
Umschlagfoto: Thomas Weccard, Ludwigsburg
Satz: SMP Oehler, Remseck
Druck: Druckhaus Beltz, Hemsbach
Printed in Germany
ISBN 3-12-929796-0

Inhalt

1 Textanalyse und Interpretation — 5

Prüfungswissen: Was versteht man unter den Begriffen „Textanalyse" und „Interpretation"? — 6
- 1.1 Der Interpretationsaufsatz — 8
- 1.2 Übersicht über literarische Textformen und Gattungen — 13

Tipps: Methodisches Vorgehen bei der Anfertigung eines Interpretationsaufsatzes — 14

2 Lyrik — 17

Prüfungswissen: Was ist Lyrik? — 18
- 2.1 Kommunikationssituation im Gedicht — 19
- 2.2 Bauelemente lyrischer Texte — 23
- 2.3 Die Sprache im Gedicht — 33
- 2.4 Lyrische Gattungen und Formen — 40

Arbeitsteil: Bearbeitung lyrischer Texte — 42
- 2.5 Beispiele für die Aufgabenstellung — 43
- 2.6 Gestaltung und Entwurf einer Gliederung — 44
- 2.7 Bearbeitung der Aufgaben — 46
- 2.8 Musterklausur: Vergleich der Gedichte „Erster Verlust" von Johann Wolfgang von Goethe und „Lösung" von Karin Kiwus — 51

Zusammenfassung: Gedichtanalyse — 56

3 Drama — 57

Prüfungswissen: Was ist Dramatik? — 58
- 3.1 Dramatische Handlung — 59
- 3.2 Figuren und Personal — 74
- 3.3 Sprache und Stil — 79
- 3.4 Raum- und Zeitgestaltung — 84
- 3.5 Dramatische Gattungen und Formen — 87

Arbeitsteil: Bearbeitung von Dramentexten — 89
- 3.6 Beispiele für die Aufgabenstellung — 90
- 3.7 Gestaltung und Entwurf einer Gliederung — 91
- 3.8 Bearbeitung der Aufgaben — 91
- 3.9 Musterklausur: Erschließung und Interpretation der Szene „Beim Doctor" aus Georg Büchners Drama „Woyzeck" — 96

Zusammenfassung: Dramenanalyse — 101

4 Prosa — 103

Prüfungswissen: Was ist ein erzählender Text? — 104
- 4.1 Erzähler und Erzählerstandpunkt — 105
- 4.2 Komposition epischer Texte — 112
- 4.3 Die Darstellung der Figuren — 115
- 4.4 Bedeutung der Zeit und Zeitgestaltung — 119
- 4.5 Bedeutung des Raumes und Raumgestaltung — 126
- 4.6 Epische Gattungen und Formen — 128

Arbeitsteil: Bearbeitung von Prosatexten — 132
- 4.7 Beispiele für die Aufgabenstellung — 133
- 4.8 Gestaltung und Entwurf einer Gliederung — 134
- 4.9 Bearbeitung der Aufgaben — 135
- 4.10 Musterklausur: Auszug aus Zoë Jennys Roman „Das Blütenstaubzimmer" — 141

Zusammenfassung: Prosatextanalyse — 148

Glossar: Stilfiguren — 150

Textquellenverzeichnis — 155

Bildquellenverzeichnis — 156

Sachregister — 157

Textanalyse und Interpretation

1

Kürzlich betrete ich die Metzgerei an der Ecke, es ist Freitagnachmittag, um ein Rumpsteak zu kaufen. Die Leute drängeln sich im Laden, aber die Frau des Meisters läßt, kaum daß sie mich erblickt hat, das Messer fallen, holt aus der Schublade an der Kasse ein Stück Papier hervor und fragt mich, ob das von mir sei. Ich sehe mir den Text an und bin sofort geständig. Es ist das erstemal, daß mir die Metzgersfrau etwas zuwirft, was ich als einen flammenden Blick bezeichnen möchte. Unter dem Murren der andern Kunden stellt sich folgendes heraus. Ich habe, ohne etwas davon zu ahnen, in das Leben der Metzgerstochter eingegriffen, die kurz vor dem Abitur steht. Man hat ihr im Deutschunterricht irgendeinen alten Text von mir vorgesetzt und sie aufgefordert, etwas darüber zu Papier zu bringen. Das Resultat: eine blanke Vier, Tränen, Krach in meines Metzgers Bungalow, vorwurfsvolle Blicke, die mich förmlich durchbohren, ein zähes Rumpsteak in meiner Pfanne.

Hans Magnus Enzensberger: Bescheidener Vorschlag zum Schutze der Jugend vor den Erzeugnissen der Poesie

1 Prüfungswissen: Was versteht man unter den Begriffen „Textanalyse" und „Interpretation"?

Der Begriff „Analyse" (vgl. eine Analyse in der Chemie)

Der Begriff „Analyse" kommt aus dem Griechischen und bedeutet so viel wie „Auflösung". Wenn Sie im Deutschunterricht einen Text analysieren, lösen Sie ihn quasi in seine Bestandteile auf und untersuchen diese ganz genau. So ist der Begriff Analyse im Fremdwörterbuch definiert: **Analyse**, die; -n: 1. systematische Untersuchung eines Gegenstandes oder Sachverhalts hinsichtlich aller einzelnen Komponenten oder Faktoren, die ihn bestimmen. (Duden: Das Fremdwörterbuch. Mannheim/Wien/Zürich 1974, S. 58)

Eine Textanalyse können Sie mit jedem Text durchführen, egal ob es sich um einen Roman oder eine Erzählung, einen Dramentext oder um ein Gedicht handelt.

Folgendes Beispiel zeigt, wie Sie einen Text, der nur aus wenigen Sätzen besteht, analysieren können:

Sie fährt. Er zu ihr: „Die Straße ist glatt! Soll ich weiterfahren?"

Untersuchung der Situation:
- Ein Mann und eine Frau sitzen vermutlich in einem Auto. Ob noch mehr Personen dabei sind, geht aus dem Text nicht hervor.
- Sie fährt, er sitzt wahrscheinlich daneben.
- Vermutlich ist es Winter, da die Straße glatt ist.

Untersuchung des Inhalts:
- Der Mann stellt fest, dass die Straße glatt ist und bietet ihr an, den Wagen zu lenken.

Untersuchung der Sprache:
- Der Text besteht aus zwei Teilen. Der erste Teil erklärt die Situation und leitet die wörtliche Rede ein. Der zweite Teil umfasst die wörtliche Rede.
- Die wörtliche Rede besteht aus zwei kurzen Hauptsätzen, einem Ausrufesatz und einem Fragesatz. Der Satzbau entspricht dem üblichen Stellungsplan (finites Verb an 2. Stelle beim Ausrufesatz; finites Verb an 1. Stelle beim Fragesatz).
- Die Wörter entstammen der Alltagssprache.

Untersuchung der Aussageabsicht:
- Die Aussageabsicht scheint eindeutig: Er fragt sie, ob er fahren solle.

Doch könnte man den Ausruf und die darauf folgende Frage nicht auch anders verstehen? Wohl schon. Seine Frage könnte bedeuten:
- „Lass lieber mich fahren, du bist zu ungeübt, um den Wagen auf glatter Straße sicher zu lenken."
- „Ich traue dir nicht zu, dass du sicher fährst."
- „Ich könnte das besser." usw.

Wenn Sie den Text so verstehen, verlassen Sie die Ebene der Analyse und begeben sich in den Bereich der Interpretation.

Doch was ist eine Interpretation? Das Fremdwörterbuch definiert den Begriff so: **Interpretation**, *die: Auslegung, Erklärung, Deutung (von Texten)*. Sie haben vermutlich erkannt, dass die Interpretation leicht in Spekulation übergehen kann. Doch davor müssen Sie sich hüten: Interpretieren Sie deshalb immer begründet, also:
- Stellen Sie nicht nur Behauptungen auf, wenn Sie die Aussageabsicht eines Textes herausarbeiten.
- Begründen Sie Ihre Vermutungen mit überzeugenden Argumenten. Dieses Vorgehen ist bei unserem Beispiel angebracht. (Sie könnten so argumentieren: Da der Mann offenbar erschrickt, als er bemerkt, dass die Straße glatt ist (Ausruf), liegt es nahe zu vermuten, dass er befürchtet, seine Frau könnte der Situation nicht gewachsen sein.)
- Begründen Sie Ihre Interpretation mit dem Vorwissen, das Sie aus einem Text haben.
- Ziehen Sie auch Kenntnisse heran, die Sie über den Autor oder die Epoche, aus der der Text stammt, haben. Auch solche Aussagen dienen der Begründung.

Textanalyse und Textinterpretation gehen meist Hand in Hand. Beachten Sie dabei, dass eine sinnvolle Interpretation ohne fundierte Analyse nicht möglich ist.

Der Begriff „Interpretation" (vgl. eine Interpretation in der Musik)

1

1.1 Der Interpretationsaufsatz

Wenn Sie in Schulaufgaben, Klausuren oder in der Abiturprüfung einen Interpretationsaufsatz schreiben sollen, muss Ihnen klar sein, was die **Textanalyse** von der **Interpretation** unterscheidet – obwohl beide Arbeitsbereiche in Ihren Aufsatz einfließen werden. Darüber hinaus müssen Sie wissen, worauf es bei Texten ankommt und wie man mit Texten arbeitet.

Textwiedergabe/Inhaltsangabe

Wenn Sie mit einem fremden Text (aber auch mit einem Text, den Sie schon zu kennen glauben) konfrontiert werden, sollten Sie sich zuerst mit dem **Inhalt** beschäftigen. Fragen Sie sich:

- Was ist das Thema des Textes?
- Wovon handelt der Text?
- Was sagt die Überschrift/der Titel aus?

Wichtig ist aber auch:

- Welche Personen kommen vor?
- Wer hat den Text verfasst?
- Wann wurde der Text geschrieben?
- Wurde der Text zu einem bestimmten Anlass, zu einem bestimmten Zweck geschrieben?

Diese Erkenntnisse können Sie in der Form der **Inhaltsangabe** niederschreiben. Diese ist zweiteilig aufgebaut und besteht aus einem einleitenden Basissatz und der Zusammenfassung der Handlung:

Teile der Inhaltsangabe	Inhalt
Einleitungssatz (= Basissatz)	Nennung des Titels, der Textsorte, des Autors und der vorkommenden Personen sowie Zeit und Ort der Handlung. Im Basissatz sollte auch der Handlungskern genannt sein.
Handlungszusammenfassung	Wiedergabe des Inhalts • ohne Erzeugung von Spannung (sachliche Sprache), • in eigenen Worten (ohne Zitate aus dem Text), • so kurz und prägnant wie möglich, aber trotzdem möglichst vollständig.

Textbeschreibung/Textanalyse

Bei der **Textbeschreibung** steht die Untersuchung der **formalen Aspekte** eines Textes im Mittelpunkt. Ihre Untersuchung wird sich dabei an den Teilaspekten Aufbau, Sprache, Motivik, Problemgehalt und Epochentypisches orientieren.

Die Textanalyse: Untersuchung der formalen Aspekte eines Textes

Für die verschiedenen literarischen Hauptgattungen gibt es daneben noch andere Untersuchungsbereiche:

Prosa	• Erzähler und Erzählstandpunkt (Ich-Erzähler und Er/Sie-Erzähler; auktoriales, personales und neutrales Erzählverhalten; Innen- und Außenperspektive; Erzählerrede und Figurenrede) • Komposition (Erzählphasen; Handlungsstränge und ihre Verknüpfungen; innere und äußere Handlung) • Figurendarstellung (Konzeption; Konstellation; Charakterisierung) • Zeitgestaltung (Erzählzeit und erzählte Zeit; Rückblick und Vorausdeutung) • Raumgestaltung (Raumfunktionen; Raummotive)
Drama	• Dramatische Handlung (Darbietung und Anordnung des Stoffes; Handlungsschritte und Handlungstempo) • Figuren und Personal (Charaktere und Typen; Figurenkonzeption) • Sprache und Stil (Funktionen der Figurenrede; Dialog und Monolog; Sprechen zum Publikum; Haupt- und Nebentext; Stilebenen) • Raum- und Zeitgestaltung („drei Einheiten")
Lyrik	• Kommunikationssituation (lyrisches Ich; Rollengedicht) • Bauelemente (Strophenform; Versmaß und Rhythmus; Kadenz) • Lyrische Sprache (Klang; Reim; Bildlichkeit; Wortwahl; Satzbau)

Textdeutung/Interpretation

Eine **Interpretation** fragt nach der **Gesamtaussage** eines literarischen Textes. Dass man sich dabei auf die Vorarbeiten aus der Textanalyse stützt, ist unverzichtbar. Doch jetzt geht es um noch mehr: Die Erkenntnisse zu Inhalt, Form und Sprache, der Gestalt eines Textes, müssen mit einer Deutung verbunden werden, die sich auf den Gehalt des Textes bezieht.

Die Interpretation: Zusammenschau von Gestalt und Gehalt

Die Interpretation kann sich auf **textimmanente Aspekte** wie Leitmotive und Bilder stützen, doch auch **außertextliche Aspekte** sind von Bedeutung. Welche Rolle spielen der Autor und seine Biografie, welche Rolle spielen epochentypische Kennzeichen, die man im Text erkennt?

Wie eine Textinterpretation ansetzt und zu welchen Ergebnissen sie kommen kann, soll an folgendem Textbeispiel erläutert werden:

1

Andreas Gryphius,
1616–1664

Andreas Gryphius: Es ist alles Eitel

DU sihst / wohin du sihst nur Eitelkeit auff Erden.
Was diser heute baut / reist jener morgen ein:
Wo itzund Städte stehn / wird eine Wisen seyn /
Auff der ein Schäfers-Kind wird spilen mit den Herden:
5 *Was itzund prächtig blüht / sol bald zutretten werden.*
Was itzt so pocht und trotzt ist Morgen Asch und Bein /
Nichts ist / das ewig sey / kein Ertz / kein Marmorstein.
Itzt lacht das Glück uns an / bald donnern die Beschwerden.
Der hohen Thaten Ruhm muß wie ein Traum vergehn.
10 *Soll denn das Spil der Zeit / der leichte Mensch bestehn?*
Ach! was ist alles diß / was wir vor köstlich achten /
Als schlechte Nichtikeit / als Schatten / Staub und Wind;
Als eine Wisen-Blum / die man nicht wider find't.
Noch wil was Ewig ist kein einig Mensch betrachten!

Leitmotiv: Eitelkeit

Vanitas-Motiv als typisches Motiv des Barock

Das Leitmotiv ist – wie der Begriff besagt – nicht ein Motiv unter anderen, sondern das Motiv, das der **zentralen Textaussage** zugrunde liegt. Leitmotive kommen in Texten immer wieder in verschiedenen Zusammenhängen vor, manchmal findet man sie schon im Titel; so auch hier. Eitel, Eitelkeit bedeutete im 17. Jahrhundert leer, nichtig bzw. Leere, Nichtigkeit. Damit war im Barockzeitalter der Gedanke verbunden, dass das irdische Leben vergänglich ist. Lebenshunger und Wissen um die Endlichkeit des Lebens sind Bestandteile des **Vanitas-Motivs**.

Deutung der Bilder

Antithesen

Dieses Gedicht lebt von der Fülle an Bildern, die sich meist in Gegensatzpaaren zeigen. Es ist die Rede von der Entstehung und vom Untergang der Städte (V. 1–4) und von der Kraft und der Vergänglichkeit der menschlichen und der unbelebten Natur (V. 5–8); die Verse 9–11 thematisieren die Unbeständigkeit ideeller Werte.
Diesen Bildern ist gemeinsam, dass sie die **Vergänglichkeit der menschlichen Natur**, aber auch des übrigen irdischen Lebens thematisieren. Der letzte Vers gibt schließlich einen Hinweis zur Deutung des Gedichts. Das, was für ewig Bestand hat, kennt niemand oder anders ausgedrückt: Was für die Ewigkeit zählt, sind andere Werte als die genannten irdischen.

Biografische Hintergründe

Andreas Gryphius: biografische Aspekte

Die Abwertung irdischer Werte und Besitztümer kann man dem Gedicht entnehmen, verstehen kann man sie deshalb noch nicht. Dazu muss man mehr wissen, z. B. über den Lebensweg des Autors.

Andreas Gryphius wurde 1616 in Glogau/Schlesien geboren. Als er zwei Jahre alt war, brach der Dreißigjährige Krieg aus, im Alter von fünf Jahren verlor er seinen Vater, seine Mutter starb, als er zwölf war. Unter widrigen Umständen erwarb Gryphius eine akademische Bildung und heiratete. Aus der Ehe gingen sieben Kinder hervor, von denen vier schon im Kindesalter starben.

Zeit- und epochenspezifische Hintergründe

Die Auseinandersetzung mit Leben und Tod, wie sie sich im **Vanitas-Motiv** zeigt, ist typisch für die Literatur des Barock. Als Beleg für diese These ließen sich andere Gedichte von Andreas Gryphius anführen, z. B. „Thränen des Vatterlandes" oder „Thränen in schwerer Kranckkeit".

religiöser Inhalt des Gedichts

Die Vergänglichkeit irdischen Lebens ist aber auch Thema anderer Dichtungen, die vor dem Hintergrund des Dreißigjährigen Krieges entstanden sind. Man denke nur an die Gedichte von Simon Dach oder an den Simplicissimus-Roman von Hans Jakob Christoffel von Grimmelshausen.

andere Besprechungen des Vanitas-Motivs

Alle Autoren des 17. Jahrhunderts waren geprägt von den Erfahrungen **des Dreißigjährigen Krieges**, durch den etwa ein Drittel der Bevölkerung Europas umgekommen ist – sei es durch Kriegshandlungen, Seuchen oder Hungersnöte.

Das Beispiel zeigt, dass es für eine fundierte Interpretation nicht ausreicht, nur den Text zu analysieren. Vielmehr muss man zu seiner Deutung auch Aspekte aufgreifen, die außerhalb des Textes liegen – nur so kann man einem Text angemessen begegnen und die Argumente, die man anführt, faktenreich belegen.

Noch ein Hinweis:

Die Aufgabenbereiche Textbeschreibung und Textdeutung müssen nicht in jedem Fall getrennt voneinander behandelt werden. Ob das sinnvoll ist, hängt vom zu bearbeitenden Text und der Art der Aufgabenstellung, aber auch von Ihrer persönlichen Vorliebe ab.

Stellungnahme

Eine gelungene Textinterpretation sollte nicht im historischen Raum verbleiben. Am Ende sollten Sie selbst eine Stellungnahme abgeben, die aufzeigt, was Ihnen der behandelte Text zu sagen hat. Hüten Sie sich dabei aber vor Floskeln wie „Der Text hat mir gut gefallen, weil er so realistisch geschrieben ist" oder „Mir sagt der Text nichts, er ist viel zu schwer zu verstehen".

In der eigenen Stellungnahme sollten Sie den Inhalt des Textes, besser noch die Kernaussage, auf Ihre Situation beziehen.

1

Antworten Sie auf den Text durch Beantwortung von Fragen wie:
- Wie stehe ich zur Aussage des Textes?
- Was hat das dargestellte Problem mit meiner Lebenswirklichkeit zu tun?
- Wie würde ich mich in einer vergleichbaren Situation verhalten?
- Welche alternativen Lösungsmöglichkeiten kann ich mir vorstellen?

Führen Sie auch hier **stichhaltige Argumente** an, vermeiden Sie es, nur auf der Beispielebene zu argumentieren.

Überblick

In einem Interpretationsaufsatz, den Sie in einer Schulaufgabe oder der Abiturprüfung schreiben, legen Sie in begründeter Weise Ihr Verständnis eines Textes dar.

Dies erfordert
- eine genaue Lektüre des zu bearbeitenden Textes,
- die Analyse der formalen Gestaltungsmittel (Aufbau, Form, Sprache),
- eine fundierte Deutung des Textes und seiner Aussage,
- eine Stellungnahme, in der Sie Ihren Standpunkt zu dem behandelten Problem begründet darlegen.

Interpretationsaufsatz

Analyse und Interpretation von

Gestalt ⇄ Gehalt

Inhaltsangabe, Textbeschreibung (Textanalyse) → Stellungnahme ← Textdeutung (Interpretation)

1.2 Übersicht über literarische Textformen und Gattungen

Dieser Band trägt den Titel „Textanalyse und Interpretation". Es werden ausschließlich literarische, nicht Sach- und Gebrauchstexte behandelt. Die Texte stammen, worauf der Untertitel hinweist, aus den Bereichen Lyrik, Drama und Prosa, den Hauptgattungen der Literatur. Unter diesen Hauptgattungen werden traditionsgemäß die Texte subsumiert, mit denen man es im Alltag zu tun hat: Märchen, Roman, Schauspiel, Gedichte, Lieder usw. Zum besseren Verständnis der literaturwissenschaftlichen Systematik sind im folgenden Schaubild die wichtigsten literarischen Textformen den Hauptgattungen optisch zugeordnet.

Prosa	Dramatik	Lyrik
Epische Kleinformen • Anekdote • Fabel • Kalendergeschichte • Kurzgeschichte • Legende • Märchen • Parabel • Schwank **Mittlere Formen** • Erzählung • Novelle • Sage **Epische Großformen** • Epos • Roman	• Komödie (Lustspiel) • Tragödie (Trauerspiel) • Bürgerliches Trauerspiel • Klassisches Drama • Tragikomödie • Schauspiel **Moderne Dramenformen** • episches Theater • experimentelles Theater • Dokumentartheater • kritisches Volksstück • Theater des Absurden	• Gedicht • Ballade • Romanze • Sonett • Hymne • Ode • Song/Lied

1 Tipps: Methodisches Vorgehen bei der Anfertigung eines Interpretationsaufsatzes

Tipps für die Praxis

Sie wissen nun, worauf es bei einem Interpretationsaufsatz ankommt und stellen sich vermutlich die Frage nach der Vorgehensweise. Folgende Arbeitsschritte sollten Sie einhalten:

Klären der Aufgabenstellung
Damit Sie nicht in die Irre laufen, müssen Sie ganz genau wissen, was von Ihnen erwartet wird. Hinweise dazu können Sie immer der Aufgabenstellung entnehmen.

Tipp 1
- Lesen Sie die **Aufgabenstellung** genau, möglichst mehrmals.
- Markieren Sie die **Begriffe**, die Ihnen sagen, was von Ihnen erwartet wird, durch Unterstreichen oder farbig.
- Überlegen Sie, wo es möglicherweise zu Überschneidungen kommen könnte – berücksichtigen Sie dies in der **Gliederung** (z. B. Nennung des Themas und Zusammenfassung des Inhalts).
- Achten Sie auf Hinweise, die Ihnen Auskunft geben über die **Intensität der geforderten Bearbeitung** (z. B. Nennen, Zusammenfassen, Erörtern).

Lesen des Textes
Sie werden einen Text oder Textauszug nur dann angemessen behandeln können, wenn Sie ihn **gründlich gelesen** haben. Hüten Sie sich davor, einen Text nur flüchtig zu lesen, weil Sie ihn schon kennen, z. B. weil Sie ihn im Unterricht als Lektüre behandelt haben.

Tipp 2
- Lesen Sie einen Text, den Sie bearbeiten sollen, mehrmals.
- Verschaffen Sie sich beim ersten Lesen einen Eindruck vom Text, lesen Sie ihn dann noch einmal.

Bearbeiten des Textes
Da Sie nachher Ihren Aufsatz zügig niederschreiben wollen, sollten Sie sich jetzt umso mehr Zeit für Ihre Überlegungen nehmen.

Tipp 3
- Lesen Sie den Text möglichst schon beim zweiten Lesen **„mit Stift"**, streichen Sie also alles an, was Ihnen wichtig erscheint.
- Markieren Sie auch unbekannte Begriffe, die Sie nicht verstehen; schlagen Sie diese im **Wörterbuch** nach, wenn sie sich nicht selbst erklären.
- Notieren Sie am Rand des Textblatts Ihre **Assoziationen** – auch wenn diese scheinbar nichts mit dem vorliegenden Text zu tun haben (möglicherweise werden sie doch noch wichtig, z. B für die Interpretation).

- Verwenden Sie **verschiedenfarbige Stifte** (z. B. rot für Motive, grün für rhetorische Figuren usw.).
- Arbeiten Sie mit **Abkürzungen**, die nur Sie selbst entschlüsseln können müssen (z. B. W für Wiederholungen, ? für unklare Begriffe usw.).
- Lesen Sie den Text nach der ersten Bearbeitungsphase noch ein- oder zweimal und **ergänzen Sie Fehlendes**.

Anfertigung einer Gliederung

Wenn Sie Klarheit über den Text haben, seine formalen Elemente und die Textaussage einschätzen können, wenn Sie im Zuge der Textarbeit auch über den Autor und die Epoche nachgedacht haben, sollten Sie Ihre Gedanken geordnet festhalten.

- Schreiben Sie Ihre Überlegungen nun in Form einer **Gliederung** nieder.
- Diese Gliederung sollte eine **Arbeitsgliederung** sein, die Sie möglicherweise nach der Niederschrift des Interpretationsaufsatzes umschreiben müssen.
- Wenn Sie die Gliederung abgeben müssen, ist es sinnvoll, sie schon ins Reine zu schreiben, denn vielleicht ändert sie sich ja nicht. Möglicherweise fehlt Ihnen auch am Ende die Zeit, die ganze Gliederung noch einmal zu schreiben.

Tipp 4

Niederschrift des Aufsatzes

Der erste Satz ist der schwierigste – dieses Problem haben nicht nur professionelle Autoren. Sie kennen es vielleicht aus eigener Erfahrung.

- Wenn Sie sich zu Beginn der Niederschrift nicht ganz sicher fühlen, können Sie die ersten Sätze auf ein **Konzeptpapier** schreiben.
- **Verbessern** Sie diese ersten Sätze, bis Sie sie für stimmig halten und schreiben Sie sie dann auf Ihr Aufsatzpapier ab.
- Vermutlich sind Sie nun im **„Schreibfluss"** und können einfach weiterschreiben.
- Achten Sie stets auf die **Zielrichtung Ihres Aufsatzes**, z. B. wenn Sie einen neuen Gliederungspunkt ausarbeiten.
- Möglicherweise nehmen Sie parallel zur Niederschrift des Aufsatzes **Änderungen an Ihrer Gliederung** vor.
- Bedenken Sie, dass ein Interpretationsaufsatz eine sachliche Aufsatzform ist. Schreiben Sie deshalb im **Sachstil** (eindeutige Formulierungen, Fachbegriffe, klarer Satzbau, Präsens).

Tipp 5

Korrektur des Aufsatzes

Nach der Niederschrift Ihres Aufsatzes ist es sinnvoll, **Korrekturarbeiten** vorzunehmen. Dies ist nicht so einfach; besonders wenn man einen Text selbst geschrieben hat, liest man leicht über syntaktische oder orthografische Fehler hinweg.

Tipp 6

- Lesen Sie Ihren Aufsatz noch einmal und überprüfen Sie die **Schlüssigkeit der Beweisführung**.
- Verbessern Sie **Rechtschreibfehler** und setzen Sie fehlende **Kommas**.
- Überprüfen Sie die **Textzitate**: Sind sie syntaktisch richtig in Ihre Darstellung eingebunden? Stimmen die Zeilenangaben?
- Überprüfen Sie Ihre **Gliederung**: Passt Sie noch zum Aufsatz oder müssen Sie sie umschreiben?

Diese Hinweise zur Anfertigung eines Interpretationsaufsatzes sind recht umfangreich – besonders was die Tipps zur Vorarbeit des Schreibens und die Korrektur nach dem Schreiben betrifft.
Doch wenn Sie eine gute Arbeit schreiben wollen, sollten Sie Ihren Prüfungstext möglichst genau lesen und intensiv darüber nachdenken. Das braucht Zeit, doch diese sparen Sie beim Schreiben vermutlich wieder ein. Trotzdem ist es nötig, dass Sie sich schon im Vorfeld der Prüfung genau überlegen, wie Ihr Zeitplan aussehen könnte.

Zeitplanung

In Prüfungen wird die Zeit meistens knapp. Exakte Vorarbeiten beim Lesen der Aufgabenstellung und bei der Bearbeitung des Textes ermöglichen jedoch meist eine zügige Niederschrift.

Tipp 7

- Arbeiten Sie in Prüfungen **nie ohne Uhr**.
- Erproben Sie schon bei Übungsaufgaben und Schulaufgaben, welchen **Arbeitsrhythmus** Sie haben, bei welchen Teilaufgaben Sie schneller vorgehen und wozu Sie mehr Zeit brauchen.
- Halten Sie diese Erkenntnisse für sich selbst schriftlich fest und überprüfen Sie sie bei der nächstmöglichen Gelegenheit.
- Bringen Sie sich in entscheidenden Prüfungen nicht selbst in zeitliche Bedrängnis: Nur Sie kennen **Ihr eigenes Arbeitstempo**!

… und das Wichtigste zum Schluss: Ihre individuelle Arbeitsweise

Jeder reagiert in Prüfungen unterschiedlich. Manche Prüflinge sind über die Maßen nervös, andere ganz entspannt – über die Leistung sagt das eigentlich nichts aus. Wichtig ist, dass Sie Ihr **individuelles Verhalten** finden – sowohl bei der Prüfung als auch schon bei der Vorbereitung.

Tipp 8

- Bereiten Sie sich auf die Prüfung bestmöglich vor.
- Beginnen Sie rechtzeitig Ihre Unterrichtsmitschrift und die Lernhilfen durchzuarbeiten.
- Versetzen Sie sich vor der Prüfung in die Situation, die Sie für ein erfolgreiches Arbeiten brauchen. Manche Prüflinge wollen sich ablenken, andere konzentrieren – es gibt kein Rezept, außer: Nehmen Sie sich selbst und Ihre Bedürfnisse ernst.
- Und dann gilt: Gehen Sie möglichst gelassen in die Prüfung und arbeiten Sie so gründlich als möglich.

Lyrik

ratschlag für einen jungen dichter

als dichter musst du wissen wie
man leute killt köpfe zwischen
zeilen klemmt sie plätten satz für
satz das ist das blei das du hast
ein gutes gedicht braucht heut
zutage einfach einen mord damit
die quote stimmt sie nicht zum
pinkeln gehen wenn du um ihre
herzen wirbst musst du sie brechen

Albert Ostermeier, 1995

2 Prüfungswissen: Was ist Lyrik?

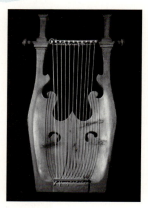

Lyra

Traditionelle Lyrik

Moderne Lyrik

Der Begriff Lyrik kommt vom griechischen lyrikós: zum Spiel der Lyra (= Leier) gehörend. Im antiken Griechenland wurden die Texte zu Musikbegleitung gesungen, ähnlich unserer heutigen Lieder, Songs oder Chansons. Die Abbildung auf der Auftaktseite zeigt einen griechischen Sänger mit der Lyra.

Bei traditionellen Gedichten handelt es sich in der Regel um Texte, die sich für einen musikalischen Vortrag eignen würden. Dies liegt an ihrer strengen Gestaltungs- und Bauform. **Gedichte des 16. bis 19. Jahrhunderts** verfügen über einen bestimmten Rhythmus, gliedern sich in Takte (Versfüße), Verse und Strophen. Die Takte zeigen eine gewisse Regelmäßigkeit, man spricht dann von einem Versmaß. Die Verse reimen sich meist und stellen so eine innere Verbindung her; die Strophen zeigen eine gewisse Regelmäßigkeit oder sind aus gut durchdachten Gründen unregelmäßig. Manchmal kommt ein Refrain hinzu.

Die **Lyrik des 20. Jahrhunderts** weicht von dieser Beschreibung oft ab, wie das Beispiel des Gedichts von Albert Ostermeier (s. S. 17) zeigt. Die moderne Lyrik verwendet vermehrt Bilder, Chiffren, auffällige semantische Konnotationen und syntaktische Brüche. Formale Aspekte wie Versmaß, Reimschema und Strophenbau sind zweitrangig geworden. Moderne Gedichte sind häufig schon am Druckbild erkennbar.

Kurz gesagt: Lyrik ist alles, was in Gedichtform geschrieben ist – unabhängig von der Entstehungszeit und dem Inhalt.

Kennzeichen von Gedichten

Gedichte zeigen besondere Kennzeichen:
- Es gibt ein **lyrisches Subjekt**. Das ist oft ein so genanntes lyrisches Ich, es kann aber auch in anderen Formen (z. B. als Du oder Wir) auftreten. Manchmal kommt es auch nur versteckt vor.
- Der Text besitzt eine **besondere Form**. Das gilt für sein Schrift- oder Druckbild, aber auch für die besondere Gestaltung der Zeilen (Verse) oder Abschnitte (Strophen).
- Der Text ist in einer **besonderen Sprache** geschrieben. Die Autoren drücken sich oft in sprachlichen Bildern aus und gebrauchen neu geschaffene oder ungewöhnliche Begriffe. Sie halten sich oft nicht an orthografische, grammatikalische und syntaktische Konventionen. Die in Gedichten verwendete Sprache erfährt dadurch häufig eine besondere Verdichtung, die das Gedicht von anderen literarischen Gattungen unterscheidet.

2.1 Kommunikationssituation im Gedicht

Oft wird bei der Gedichtinterpretation gefragt: „Was wollte uns der Dichter sagen?" Eigentlich ist diese Frage völlig falsch gestellt. Viele Autoren schreiben ein Gedicht, mit dem sie dem Leser gar nichts sagen wollen, das z. B. lediglich ein Stimmungsbild oder einen persönlichen Eindruck vermitteln soll. Andere Schriftsteller schreiben Gedichte, die verschiedene Aussagemöglichkeiten zulassen; hier wäre es falsch, eine Aussage als die einzig richtige verbindlich festzulegen.

Die Frage müsste eigentlich lauten: „Was sagt das Gedicht aus?" Um diese Frage zu beantworten, muss man die **Gesetzmäßigkeiten der Interpretation** kennen und einige Regeln beachten. Diese werden im Folgenden dargelegt.

Wie kann man also ein Gedicht verstehen, wie kann man es interpretieren? Gehen wir von einem Beispiel aus:

Erich Fried: Exil (1946)

Auch dies: Es hat mich ja als Kind vertrieben.
Sechs Jahre Fremde bleichen jedes Wort.
Und was die Tinte schreibt, bleibt hingeschrieben.

Die Berge aber sind daheim geblieben!
Der Stallgeruch, der an den Hang gebaute Ort,
der Wildbach und das Mundartwort,
die Stadt und, auf dem Friedhof schon, die Lieben:
Sie warten alle. – Ich nur, ich bin fort.

Erich Fried, 1921–1988

Kennt man die Lebensgeschichte Erich Frieds, darf man davon ausgehen, dass er dieses Gedicht nicht irgendeinem Sprecher in den Mund gelegt hat, sondern dass er seine eigene Situation beschreibt.

Erich Fried wurde als Sohn jüdischer Eltern 1921 in Wien geboren. Nach der Besetzung Österreichs durch die Nationalsozialisten flüchtete er 1938 ins Exil nach England. Erst 1953 kam er zuerst als Besucher auf den Kontinent zurück, ließ sich dann in London nieder, wo er bis zu seinem Tod 1988 lebte.

Liest man das Gedicht „Exil" genau, kann man feststellen, dass Fried darin seine eigene biografische Situation beschreibt. Er schreibt von sich für eine interessierte Leserschaft. Aussagen, die nur innerhalb des Gedichts zu verstehen sind, gibt es nicht; man spricht deshalb von **äußerer Kommunikation**.

2

Äußere Kommunikation

Das Gedicht „Exil" lässt sich ganz unmittelbar rezipieren: Der Autor schreibt für ein Publikum, das ihm zwar nicht bekannt ist, von dem er aber annehmen kann, dass es die zeitgeschichtlichen Hintergründe kennt oder leicht in Erfahrung bringen kann. Deshalb spricht man in diesem Fall von **äußerer Kommunikation**. Damit ist gemeint, dass ein Autor mit seinem Publikum in direkten Kontakt tritt. In einem Schaubild kann das so dargestellt werden:

Autor ——(produziert)——▶ Gedicht ◀——(rezipiert)—— Leser

Neben der äußeren Kommunikation gibt es in Gedichten (wie überhaupt in literarischen Texten) eine innere Kommunikation. Diese kann folgendermaßen definiert werden:

Rezeption (Verb: rezipieren) (von lat. receptio = Aufnahme). Man versteht darunter die Aufnahme von fremden Gedanken und fremdem Kulturgut. Die Literaturwissenschaft geht u.a. der Frage nach, wie ein literarischer Text (ein Gedicht, ein Drama, ein Prosa- oder Sachtext) von Lesern rezipiert, also aufgenommen, verstanden wird.

Innere Kommunikation

Üblicherweise spricht der Autor in einem Gedicht nicht von sich selbst; meist versetzt er sich in die Situation einer anderen Figur, die mit ihm viel oder wenig, manchmal auch gar nichts gemeinsam hat. Aus der Sicht dieser Figur ist das Gedicht geschrieben. Die Kommunikation spielt sich dann innerhalb des Gedichts ab.

Kommt die Figur im Gedicht vor, spricht man von einem **lyrischen Ich**. Kommt die Figur nicht vor, spricht sie aber einen anderen an, ist dieser das **lyrische Du**. Möglicherweise gibt es einen Sprecher, der überhaupt nicht in Erscheinung tritt; dann nennt man ihn den **verdeckten Sprecher**. Einen Sonderfall bildet das lyrische Ich, das mit dem Autor nicht identisch sein kann, z. B. weil er ein anderes Geschlecht hat, aus einer anderen Epoche stammt oder innerhalb des Gedichts wechselt. In diesem Fall nimmt das Ich eine Rolle ein – man spricht von einem **Rollengedicht**. Ein **Dialoggedicht** liegt vor, wenn es in einem Rollengedicht zu einem Gespräch zwischen zwei Figuren kommt.

Als lyrisches Ich wird der Sprecher in einem Gedicht bezeichnet. Er ist ebenso eine Vermittlungsinstanz zwischen Text und Leser wie etwa der Erzähler in einem Prosatext.

Tritt der Sprecher in einem Gedicht in der Pluralform auf, spricht man vom lyrischen Wir. Das kommt jedoch nur selten vor. Ein Beispiel dafür ist das Gedicht „Tränen des Vaterlandes" von Andreas Gryphius: „Wir sind doch nunmehr ganz, ja mehr denn ganz verheeret!"

Das lyrische Ich

Ist der Sprecher Bestandteil des Gedichts, nennt man ihn lyrisches Ich (oder, wenn er im Plural auftritt: lyrisches Wir). Das lyrische Ich ist an den Personal- oder Possessivpronomen in der **1. Person Singular** (bzw. an der Pluralform, wenn es in der Mehrzahl auftritt) zu erkennen, aber auch an Ausrufen, Wünschen und Fragen. Die Ich-Form ermöglicht eine größere **Unmittelbarkeit der Darstellung** sowie einen tieferen Einblick in die **Subjektivität des**

Erlebens. Das lyrische Ich kommt so häufig vor, dass es zu einem Kennzeichen traditioneller und moderner Gedichte geworden ist.

Joseph von Eichendorff: Mondnacht (1837)

Es war, als hätt der Himmel
Die Erde still geküßt,
Daß sie im Blütenschimmer
Von ihm nun träumen müßt.

Die Luft ging durch die Felder,
Die Ähren wogten sacht,
Es rauschten leis die Wälder,
So sternklar war die Nacht.

Und meine Seele spannte
Weit ihre Flügel aus,
Flog durch die stillen Lande,
Als flöge sie nach Haus.

Joseph von Eichendorff, 1788–1857

Anrede eines „lyrischen Du"

Kommt in einem Gedicht kein Ich vor, kann man es trotzdem erschließen, wenn es eine andere Figur oder den Leser (also ein lyrisches Du) anspricht. Dieses Du, der Adressat des Gedichts, kann sein: der oder die Geliebte (in einem Liebesgedicht), ein Jubilar (bei einem Gelegenheitsgedicht) oder der Unerfahrene, dem etwas mitgeteilt wird (in einem lehrhaften Gedicht). Oft haben solche Gedichte informativen oder appellativen Charakter. Da es in so einem Fall oft kein lyrisches Ich gibt, spricht man auch von einem neutralen Sprecher.

Beispiel für ein Gedicht, in dem ein Du angesprochen wird:

Johann Wolfgang von Goethe: Wandrers Nachtlied (wahrscheinlich 1780)

Über allen Gipfeln
Ist Ruh,
In allen Wipfeln
Spürest du
Kaum einen Hauch;
Die Vögelein schweigen im Walde.
Warte nur, balde
Ruhest du auch.

Der verdeckte Sprecher

Macht ein Sprecher keine Aussagen über sich und spricht er auch keine anderen an, äußert er sich nur über Vorgänge, Begebenheiten, die Natur, Gegenstände usw. spricht man von einem verdeckten Sprecher. Der verdeckte Sprecher kommt auch oft in so genannten Dinggedichten vor; er wirkt **objektiv**, **nüchtern** und **sachlich**, wie folgendes Beispiel zeigt:

Conrad Ferdinand Meyer, 1825–1898

Conrad Ferdinand Meyer: Auf dem Canal grande (1882)

Auf dem Canal grande betten
tief sich ein die Abendschatten,
hundert dunkle Gondeln gleiten
als ein flüsterndes Geheimnis.

Aber zwischen zwei Palästen
glüht herein die Abendsonne,
flammend wirft sie einen grellen
breiten Streifen auf die Gondeln.

In dem purpurroten Lichte
laute Stimmen, hell Gelächter,
überredende Gebärden
und das frevle Spiel der Augen.

Eine kleine, kurze Strecke
treibt das Leben leidenschaftlich
und erlischt im Schatten drüben
als ein unverständlich Murmeln.

Das Rollengedicht

besonders im Minnesang und im Volkslied ausgeprägt

In einem Rollengedicht gibt es ein Ich, das aber unmöglich mit dem Autor identisch sein kann, da sie von unterschiedlichem Geschlecht sind, das Ich in einer anderen Zeit als der Autor lebt oder das Ich zu große Unterschiede zum Autor aufweist (z. B. in seiner politischen Anschauung usw.).
Innerhalb eines Rollengedichts kann es auch zu einem Dialog zwischen zwei Figuren kommen; man spricht dann von einem **Dialoggedicht**.

Beispiel für ein Rollengedicht:

Eduard Mörike: Das verlassene Mägdlein (1829)

Früh, wann die Hähne krähn,
Eh die Sternlein verschwinden,
Muß ich am Herde stehn,
Muß Feuer zünden.

Schön ist der Flammen Schein,
Es springen die Funken;
Ich schau so drein,
In Leid versunken.

Plötzlich, da kommt es mir,
Treuloser Knabe,
Daß ich die Nacht von dir
Geträumet habe.

Träne auf Träne dann
Stürzet hernieder;
So kommt der Tag heran –
O ging' er wieder!

Eduard Mörike, 1804–1875

In dem gezeigten Beispiel spricht nicht der Autor unmittelbar zum Leser. Vielmehr gibt es einen Sprecher (eine Sprecherin), der sich an einen (unbekannten) Adressaten wendet. Dieser mag den Autor persönlich kennen, vielleicht liest er das Gedicht aber erst Jahrhunderte später. Eine derartige Kommunikationssituation nennt man deshalb **innere Kommunikation**; sie spielt sich innerhalb der literarischen Grundsituation ab. Schematisch lässt sich dies so darstellen:

Mit dem Begriff „Adressat" ist keine Figur aus dem Gedicht gemeint, sondern jeder, der das Gedicht – vielleicht auch erst in späteren Epochen – liest.

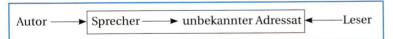

2.2 Bauelemente lyrischer Texte

Würde man einen Prosatext in die Form eines Gedichts umschreiben, entstünde daraus noch kein Gedicht. Folgendes Beispiel kann das veranschaulichen:

2

Eisenbahnunglück auf der Taybrücke

Während eines furchtbaren Windsturmes
brach am 29. Dezember 1879 nachts
die Eisenbahnbrücke über den Taystrom
in Schottland zusammen,
im Moment, als der Zug darüber fuhr.

90 Personen, nach anderen 300,
kamen dabei ums Leben;

der verunglückte Zug hatte sieben Wagen,
die fast alle besetzt waren,
und er stürzte über 100 Fuß tief
ins Wasser hinunter.

Alle 13 Brückenspannungen sind samt
den Säulen, worauf sie standen,
verschwunden.

Die Öffnung der Brücke ist
eine halbe englische Meile lang.
Bis jetzt waren alle Versuche
zur Auffindung der Leichen vergeblich.

Bei diesem Text handelt es sich um einen **Zeitungsartikel**, der in Prosa verfasst, hier aber zur Veranschaulichung in Zeilen gegliedert abgedruckt wurde. Der Pressetext berichtet über einen realen Vorfall: Am 29. Dezember 1879 ereignete sich an der Tay-Brücke in Schottland ein Eisenbahnunglück, bei dem mindestens 90 Personen ums Leben gekommen sind. Dieser Unfall ging durch die Presse und wurde auch in Deutschland bekannt.
Theodor Fontane nahm ihn zum Anlass für eine dichterische Darstellung in der Form einer **Ballade**.

Ein Auszug aus dieser Ballade liest sich so:

Theodor Fontane,
1819–1898

Theodor Fontane: Die Brück' am Tay

[…]
Und es war der Zug. Am Süderturm
Keucht er vorbei jetzt gegen den Sturm,
Und Johnie spricht: „Die Brücke noch!
Aber was tut es, wir zwingen es doch.
Ein fester Kessel, ein doppelter Dampf,
Die bleiben Sieger in solchem Kampf.
Und wie's auch rast und ringt und rennt,
Wir kriegen es unter, das Element.

Und unser Stolz ist unsre Brück';
Ich lache, denk ich an früher zurück,
An all den Jammer und all die Not
Mit dem elend alten Schifferboot;
Wie manche liebe Christfestnacht
Hab ich im Fährhaus zugebracht
Und sah unsrer Fenster lichten Schein
Und zählte und konnte nicht drüben sein."

Auf der Norderseite das Brückenhaus –
Alle Fenster sehen nach Süden aus,
Und die Brücknersleut ohne Rast und Ruh
Und in Bangen sehen nach Süden zu;
Denn Wütender wurde der Winde Spiel,
Und jetzt, als ob Feuer vom Himmel fiel,
Erglüht es in niederschießender Pracht
Überm Wasser unten … Und wieder ist Nacht.
[…]

Zu einem Gedicht gehört mehr: Lyrische Texte sind sprachlich verdichtete Texte, die in einer ganz besonderen Form aufgeschrieben sind, d. h. wie in Fontanes Ballade lassen sich Versfüße (oder Takte) erkennen, die ein Versmaß ergeben. Die Verse beginnen manchmal mit einem Auftakt und enden mit einer Kadenz. Meist sind die Verse auf mehrere Strophen verteilt; diese haben eine besondere Form.

Versfuß (oder Takt)

Der Versfuß (oder Takt) ist die kleinste Einheit des Metrums. Ein Versfuß besteht aus einer betonten und einer oder mehreren unbetonten Silben. Je nach Anzahl der unbetonten Silben liegt ein zweisilbiger oder dreisilbiger Versfuß vor. Folgt auf eine kurze Silbe eine lange, liegt ein steigender, folgt auf eine lange Silbe eine kurze, liegt ein fallender Versfuß vor.

Zweisilbige Versfüße	Dreisilbige Versfüße

Jambus
xx́   unbetont betont
      steigender Versfuß
	Anapäst
	xxx́ unbetont unbetont betont
	      steigender Versfuß

Trochäus
x́x   betont unbetont
      fallender Versfuß
	Daktylus
	x́xx betont unbetont unbetont
	      fallender Versfuß

2 Versmaß

Das Versmaß ergibt sich aus der regelmäßigen Anordnung der Versfüße. Ein Versfuß besteht aus zwei oder drei betonten und unbetonten Silben. Diese werden so dargestellt:
x = unbetonte Silbe,
x́ = betonte Silbe.

Jedes x steht dabei für eine Silbe. Folgende Versmaße sind im Deutschen üblich:

Jambische Versmaße:

- **Zweiheber**
  Das ist die Welt;   xx́xx́
  Sie steigt und fällt…   xx́xx́
  (Johann Wolfgang von Goethe, Faust. Der Tragödie erster Teil)

- **Dreiheber**
  Der Mond ist aufgegangen,   xx́xx́xx́x
  Die goldnen Sternlein prangen…   xx́xx́xx́x
  (Matthias Claudius, Abendlied)

  Der jambische Dreiheber wurde vor allem im Volkslied und im Kirchenlied verwendet.

- **Vierheber**
  Wem Gott will rechte Gunst erweisen, xx́xx́xx́xx́x
  Den schickt er in die weite Welt…   xx́xx́xx́xx́
  (Joseph von Eichendorff, Der frohe Wandersmann)

  Der jambische Vierheber wurde oft im Volkslied verwendet.

- **Fünfheber**
  Sein Blick ist vom Vorübergehn der Stäbe   xx́xx́xx́xx́xx́x
  so müd geworden, dass er nichts mehr hält   xx́xx́xx́xx́xx́
  (Rainer Maria Rilke, Der Panther)

  Der Blankvers ist ein ungereimter jambischer Fünfheber.

- **Sechsheber**
  Du siehst, wohin du siehst, nur Eitelkeit auf Erden,   xx́xx́xx́xx́xx́xx́x
  Was dieser heute baut, reißt jener morgen ein   xx́xx́xx́xx́xx́xx́
  (Andreas Gryphius, Es ist alles eitel)

  Der jambische Sechsheber mit Zäsur nach der dritten Hebung wird Alexandriner genannt.

Trochäische Versmaße:

- **Zweiheber**
  Walle, walle   x́x x́x
  Manche Strecke,   x́x x́x
  Dass zum Zwecke,   x́x x́x
  Wasser fließe…   x́x x́x
  (Johann Wolfgang von Goethe, Der Zauberlehrling)

  Selten vorkommender, aber prägnanter Vers.

- **Dreiheber**
  Freiheit, die ich meine,   x́x x́x x́x
  Die mein Herz erfüllt   x́x x́x x́
  (Max von Schenkendorf)

  Beliebt in der anakreontischen Lyrik und bei den Romantikern.

- **Vierheber**
  Schläft ein Lied in allen Dingen,   x́x x́x x́x x́x
  Die da träumen fort und fort…   x́x x́x x́x x́
  (Joseph von Eichendorff, Wünschelrute)

- **Fünfheber**
  Jüngst im Traume sah ich auf den Fluten   x́x x́x x́x x́x x́x
  Einen Nachen ohne Ruder ziehn   x́x x́x x́x x́x x́
  (Conrad Ferdinand Meyer, Lethe)

  Der trochäische Fünfheber wirkt schwer. Er ist für nachdenkliche Betrachtungen geeignet.

- **Sechsheber**
  Aufgestanden ist er, welcher lange schlief,   x́x x́x x́x x́x x́x x́
  Aufgestanden unten aus Gewölben tief…   x́x x́x x́x x́x x́x x́
  (Georg Heym, Der Krieg)

Daktylische Versmaße:

- **Zweiheber**
  Die Nebel zerreißen,   x x́xx x́x
  Der Himmel ist helle…   x x́xx x́x
  (Johann Wolfgang von Goethe, Glückliche Fahrt)

- **Dreiheber**
  Quellende, schwellende Nacht   x́xx x́xx x́
  (Friedrich Hebbel, Nachtlied)

- **Vierheber**
  Wir singen und sagen vom Grafen so gern   x x́xx x́xx x́xx x́
  (Johann Wolfgang von Goethe, Hochzeitslied)

- **Fünfheber**
  Lobe den Herren, den mächtigen König der Ehren
  (Joachim Neander, Der Lobende)   x́xx x́xx x́xx x́xx x́x

  Im 18. Jahrhundert beliebt, wegen der beschwingten Form. Wurde oft vertont.

- **Sechsheber**
  Pfingsten, das liebliche Fest, war gekommen, es grünten und blühten
  (Johann Wolfgang von Goethe, Reineke Fuchs)   x́xx x́xx x́xx x́xx x́xx x́x

Rein anapästische Versmaße sind in der deutschen Dichtung selten.

Versform

Manche Verse kommen häufig in festen Formen vor, so z. B. der 6-hebige Jambus mit Mittelzäsur. Solche festen Versformen werden mit eigenen Begriffen bezeichnet. Den 6-hebigen Jambus mit Zäsur nennt man z. B. Alexandriner-Vers, weil er in der altfranzösischen Alexander-Dichtung verwendet wurde.

2

Folgende feste Versformen sind im Deutschen üblich:

Jambische Versformen:

Die Meistersänger im 14. und 15. Jahrhundert verwendeten den Knittelvers regelmäßig, dann ist er bis zu Goethes Verwendung in „Faust. Der Tragödie erster Teil" (1808) in Vergessenheit geraten.

Knittelvers
- 4-hebiger Jambus mit Endreim
- Das Versmaß wird nicht immer ganz genau eingehalten; zwei aufeinander folgende unbetonte Silben sind möglich.
  xxxx́xxx   xxxx́xxx
- Habe nun, ach! Philosophie, Juristerei und Medizin
  (Johann Wofgang von Goethe, Faust I)

Nach dem Vorbild Shakespeares wurde dieser freie, schmiegsame Vers durch die Verwendung in Lessings Drama „Nathan der Weise" zum klassischen deutschen Dramenvers.

Blankvers
- 5-hebiger Jambus ohne Endreim
- Der Vers kann betont oder unbetont schließen.
  xxxxxxxxxx
- Heraus in eure Schatten, rege Wipfel
  Des alten, heil'gen, dichtbelaubten Haines
  (Johann Wofgang von Goethe, Iphigenie auf Tauris)

Aus der französischen Dichtung stammend, wurde der Alexandriner zur beliebtesten Versform des Barock, da die durch die Mittelzäsur sich ergebende Zweiteilung des Verses das antithetische Lebensgefühl der Zeit ausdrücken kann.

Alexandriner
- 6-hebiger Jambus mit Mittelzäsur
  xxxxx́x // xxxxx́x
- Wir sind doch nunmehr gantz
  ja mehr denn gantz verheeret!
  (Andreas Gryphius, Thränen des Vaterlandes)
- Das Versmaß ermöglicht eine Zweiteilung des Verses in Satz und Gegensatz, Behauptung und Begründung usw.

Trochäische bzw. daktylische Versformen:

Der Pentameter (griech. für Fünfmesser) ist eine antike Versform, die seit der Klassik wieder häufiger verwendet wird. Zusammen mit dem Hexameter bildet er ein Distichon.

Pentameter
- Entgegen seines Namens ein 6-hebiger Daktylus, nach der dritten und sechsten Hebung können die Senkungen entfallen; die dritte und vierte Hebung folgen aufeinander, so dass eine Zäsur entsteht.
  xxxxx́x // xxxx́x
- Glaub es, ich denke nicht frech, denke nicht niedrig von dir. *(Johann Wolfgang von Goethe, 3. Römische Elegie)*
- Das Versmaß ermöglicht eine Zweiteilung des Verses in Satz und Gegensatz, Behauptung und Begründung usw.

Der Hexameter (griech.: Sechsmesser) ist der Grundvers des antiken Epos (z.B. Ilias, Odyssee).

Hexameter
- Auftaktloser 6-hebiger Daktylus mit Mittelzäsur
  xxxxx́xx // xxxxx
- Aus den Gärten komm ich zu euch, ihr Söhne des Berges! *(Friedrich Hölderlin, Die Eichbäume)*

Das Distichon wurde vor allem in der Klassik von Schiller und Goethe (Römische Elegien) verwendet.

Distichon
- Verspaar bestehend aus Hexameter und Pentameter
  xxxxx́/xxxxx́xx   xxxxx́ // xxxxx́x
- Im Hexameter steigt des Springquells flüssige Säule, im Pentameter drauf, fällt sie melodisch herab. *(Friedrich Schiller, Das Distichon)*

Auftakt und Kadenz

Unbetonte Silben vor der ersten Betonung eines Verses nennt man Auftakt. Demnach haben **alle jambischen Verse einen Auftakt**, alle trochäischen Verse kommen ohne Auftakt aus.
Das Ende einer Verszeile wird als Kadenz bezeichnet. Sie ist für den Klang eines Gedichts mitverantwortlich, denn je nach Kadenz senkt sich am Ende des Verses die Stimme oder sie hebt sich.
Endet der Vers mit einer unbetonten Silbe, spricht man von einer **weiblichen oder klingenden Kadenz**; endet der Vers mit einer betonten Silbe, spricht man von einer **männlichen oder stumpfen Kadenz**.
Ist die drittletzte Silbe betont, spricht man von der **dreisilbig klingenden Kadenz** (Beispiel: Sterblichen, Schema: x́ x x)
Jambische Verse enden in der Regel männlich, trochäische weiblich.

Weiblich werden solche Versschlüsse genannt, weil die weibliche Form französischer Adjektive im Gegensatz zur männlichen zweisilbig gesprochen wird.

Joseph von Eichendorff: Mondnacht

	Versmaß	Reimschema	Kadenz
Es war, als hätt' der Himmel	xx́xx́xx́	a	w
Die Erde still geküßt,	xx́xx́xx́	b	m
Daß sie im Blütenschimmer	xx́xx́xx́	a	w
Von ihm nun träumen müßt.	xx́xx́xx́	b	m

Das Gedicht „Mondnacht" von J. v. Eichendorff folgt dem jambischen Versmaß, die erste Silbe jedes Verses ist also unbetont: Es liegt ein Auftakt vor. Das Versende ist abwechselnd unbetont – betont – unbetont – betont, die Kadenz ist demnach abwechselnd: die a-Reime enden weiblich, die b-Reime männlich.

Zeilenstil und Enjambement

Wenn das Satzende mit dem Ende des Verses zusammenfällt, spricht man von Zeilenstil. Reicht der Satz über das Versende hinaus, „springt" er sozusagen in die nächste, vielleicht auch übernächste Verszeile, liegt ein Zeilensprung, ein Enjambement, vor. Enjambements lassen Gedichte **geschmeidiger, weniger abgehackt** klingen. Sie sind ein ganz entscheidendes Mittel, den Rhythmus eines Gedichts zu beeinflussen. Außerdem kann ein Enjambement durch die Betonung von Worten **Sinnzusammenhänge** verdeutlichen, wie das folgende Beispiel aus Bertolt Brechts Gedicht zeigt:

Bertolt Brecht: Über die Bezeichnung Emigranten (1937):

Immer fand ich den Namen falsch, den man uns gab: Emigranten.
Das heißt doch Auswanderer. Aber wir
Wanderten doch nicht aus, nach freiem Entschluß
Wählend ein andres Land. Wanderten wir doch auch nicht
Ein in ein Land, dort zu bleiben, womöglich für immer. […]

Der Rhythmus

Ist vom Rhythmus eines Gedichts die Rede, so meint man damit den Klang des gesamten Gedichts, seine **Sprachmelodie**, die nicht wie das Metrum, der Reim und rhetorische Figuren objektiv beschreibbar ist. Der Rhythmus entzieht sich einer exakten wissenschaftlichen Beschreibung, er ergibt sich beim Lesen und ist von verschiedenen Faktoren abhängig.

*Wolfgang Kayser unterscheidet in seinem immer noch verbreiteten Werk aus dem Jahr 1946 „Kleinen deutsche Versschule" fünf rhythmische Typen:
den „metrischen Rhythmus",
den „fließenden Rhythmus",
den „bauenden Rhythmus",
den „gestauten Rhythmus",
den „strömenden Rhythmus".*

Der Rhythmus wird beeinflusst durch
- das Versmaß,
- die Satzgestaltung,
- das Zusammenfallen von Satzgrenzen und Versgrenzen,
- die vom Dichter vorgesehene oder vom Leser vorgenommene Betonung,
- nötige oder sinnvolle Pausen,
- das Sprechtempo des Vortragenden und schließlich
- durch den Inhalt des Gedichts.

Allgemein gültige Begriffe und Kriterien zur Benennung des Rhythmus' existieren trotz vielfacher Bemühungen von Literaturwissenschaftlern nicht. Man behilft sich deshalb inzwischen mit **beschreibenden Adjektiven** wie
- regelmäßig – unregelmäßig
- fließend – stockend
- drängend – gestaut.

Strophe und Strophenform

Strophen sind regelmäßige Abschnittsgliederungen von Versen oder Verspaaren gleichen Metrums. Dabei können die Strophenenden mit den Sinneinheiten eines Gedichts zusammenfallen, müssen aber nicht. Eine Strophengliederung ist sowohl in traditionellen wie in modernen Gedichten anzutreffen.

Im 20. Jahrhundert hat die strophische Gliederung eines Gedichts an Bedeutung verloren. Moderne Gedichte sind oft nur in **ungleichmäßige Abschnitte** oder **Versgruppen** eingeteilt. Für ihre

Zusammenstellung gibt es aber keine formalen Regeln oder Zwänge; oft geben sie die inhaltliche Gliederung eines Gedichts wieder, teilweise stehen sie dieser aber gerade entgegen und unterstreichen damit unter Umständen auch die Aussage eines Gedichts.

Häufige Strophenformen:

2-zeilige Strophen:
- **Verspaarkette:**
  jeweils zwei aufeinander folgende Verse reimen sich, Schema: aabb:
  „Fliegt der erste Morgenstrahl
  Durch das stille Nebeltal,
  Rauscht erwachend Wald und Hügel:
  Wer da fliegen kann, nimmt Flügel!"
  (Joseph von Eichendorff, Der Morgen)

  eine der ältesten und einfachsten Strophenformen

- **Distichon:**
  bestehend aus einem Hexameter und einem Pentameter:
  „Im Hexameter steigt des Springquells flüssige Säule.
  Im Pentameter drauf fällt sie melodisch herab."
  (Friedrich Schiller, Das Distichon)

  von griech. dis: doppelt; stichos: Vers

3-zeilige Strophen:
- **Terzett:**
  Strophe bestehend aus drei Versen, kein festes Reimschema:
  „Doch schweig ich noch von dem, was ärger als der Tod,
  Was grimmer denn die Pest und Glut und Hungersnot
  Dass auch der Seelen Schatz so vielen abgezwungen."
  (Andreas Gryphius, Thränen des Vaterlandes)

  u. a. im Sonett verwendet

- **Terzine:**
  bestehend aus einem fünffüßigen Jambus, Reimschema aba/bcb/cdc:
  „Wie mich geheimnisvoll die Form entzückte!
  Die gottgedachte Spur, die sich erhalten!
  Ein Blick, der mich an jenes Meer entrückte, ..."
  (Johann Wolfgang von Goethe, Im ernsten Beinhaus war's, wo ich beschaute)

  Von Dante (1265 – 1321) in der Divina Commedia entwickelte kunstvolle Strophenform.

4-zeilige Strophen:
- **Quartett:**
  Strophe bestehend aus vier Versen, kein festes Reimschema, u. a. im Sonett verwendet:
  „Wann, o lächelndes Bild, welches wie Morgenrot
  Durch die Seele mir strahlt, find ich auf Erden dich?
  Und die einsame Träne
  Bebt mir heißer die Wang herab!"
  (Ludwig Christoph Heinrich Hölty, Die Mainacht)

  zusammen mit dem Terzett Grundbestandteil des Sonetts

2

Als literarische Form seit dem Sturm und Drang und in der Romantik von Bedeutung.

- **Volksliedstrophe:**
  einfach gebaut, gleichmäßig, meist vierzeilig (bis zu neun Zeilen), oft regelmäßiger Wechsel von betonten und unbetonten Silben, meist jambisch oder trochäisch, gereimt:
  „Am Brunnen vor dem Tore
  Da stand ein Lindenbaum.
  Ich träumt in seinem Schatten
  So manchen süßen Traum."

Benannt nach einer im 16. Jahrhundert in England aufgezeichneten volkstümlichen Ballade, die eine Jagd (engl. chase) auf den Cheviotbergen schildert. In Deutschland wurde sie im 18. Jahrhundert populär, sie ist die Strophenform kämpferischer, militärischer Gesänge.

- **Chevy-Chase-Strophe (Balladenstrophe):**
  bestehend aus vier auftaktigen, abwechselnd vier- und dreihebigen, betont endenden Versen. Hebung und Senkung können alternieren, es besteht aber Füllungsfreiheit, d.h. auf eine Hebung können auch zwei Senkungen folgen:
  „Im Feld vor einem grünen Wald
  Rief Knecht und Reutersmann,
  Laut rief von Lothringen Renald:
  Wir wollen vorne dran."
  (Arnim/Brentano, Des Knaben Wunderhorn)

Mehrzeilige Strophen:

Italienische Strophenform, von Georg Rudolf Weckherlin (1584–1653) in die deutsche Literatur eingeführt.

- **Sestine:**
  sechszeilige Strophe, ohne festes Reimschema, kein bestimmtes Metrum:
  „Wenn durch die Lüfte wirbelnd treibt der Schnee,
  Und lauten Fußtritts durch die Flur der Frost
  Einhergeht auf der Spiegelbahn von Eis;
  Dann ist es schön, geschirmt vorm Wintersturm,
  Und unvertrieben von der holden Glut
  Des eignen Herds, zu sitzen still daheim."
  (Friedrich Rückert, Sestine)

Herrschende Strophenform der klassischen italienischen Epik (Ariost, Tasso), in Deutschland seit dem 18. Jahrhundert verbreitet.

- **Stanze:**
  achtzeilige Strophe, fünffüßiger Jambus, Reimschema: abababcc:
  „Ihr naht euch wieder, schwankende Gestalten,
  Die früh sich einst dem trüben Blick gezeigt.
  Versuch ich wohl, euch diesmal festzuhalten?
  Fühl ich mein Herz noch jenem Wahn geneigt?
  Ihr drängt euch zu! nun gut, so mögt ihr walten,
  Wie ihr aus Dunst und Nebel um mich steigt;
  Mein Busen fühlt sich jugendlich erschüttert
  Vom Zauberhauch, der euren Zug umwittert."
  (Johann Wolfgang von Goethe, Zueignung. Faust. Der Tragödie erster Teil)

- **Freie Rhythmen:**
  metrisch ungebundene, reimlose Verse ohne feste Strophengliederung, mit Wortwiederholungen, parallelen Satzkonstruktionen und kunstvoll gespannten semantischen Bögen, erkennbar am Druckbild und an der hohen sprachlichen Verdichtung:
  „Bedecke deinen Himmel, Zeus,
  Mit Wolkendunst!
  Und übe, dem Knaben gleich,
  Der Disteln köpft,
  An Eichen dich und Bergeshöhn! ..."
  (Johann Wolfgang von Goethe, Prometheus)

Seit Klopstock (1724–1803) fester Bestandteil der deutschen Lyrik, besonders im 18. und 20. Jahrhundert verbreitet.

2.3 Die Sprache im Gedicht

Gedichte bestehen oft nur aus wenigen Worten, trotzdem ist alles Wesentliche gesagt. Mehr noch als in anderen Textgattungen und mehr noch als auf formale Gestaltungsmittel kommt es in Gedichten auf den Gebrauch der Sprache an. Deshalb ist die Klärung folgender Fragen unerlässlich:
- Welche **Sprachebene** wählt ein Autor, welche **Wortarten**, welche **Wortfelder** sind auffällig?
- Zeigt der **Satzbau** Auffälligkeiten?
- Welche **sprachlichen Bilder** wählt der Autor?
- Welchen **Klang** erzeugt er mit der Sprache?
- Welche **Reime** unterstützen die Wirkung eines Gedichts?

formale Gestaltungsmittel: z. B. Versmaß, Versform, Strophenform

Sprachebene und Wortwahl

Gedichte sind meist in Hochsprache verfasst; es gibt aber auch Mundartgedichte und Gedichte, in denen Fachbegriffe oder umgangssprachliche Wendungen vorkommen. In diesen Fällen sollten diese auf ihre Wirkung befragt werden. Da Gedichte **besonders komprimierte Äußerungen** sind, kann man davon ausgehen, dass kein Wort zufällig verwendet wird. Es ist deshalb besonders wichtig, auf Auffälligkeiten bei der Wortwahl zu achten. Folgende Besonderheiten sind denkbar:

2

Verwendung von Wörtern, die nicht zum allgemeinen schriftsprachlichen Wortschatz gehören:

Umgangssprachliche Wendungen	„Die Silberpappel, eine ortsbekannte Schönheit / Heut eine alte Vettel…" *(Bertolt Brecht, Böser Morgen)*
Begriffe aus Fachsprachen	„Verfall, Verflammen, Verfehlen – / in toxischen Sphären, kalt, / noch einige stygische Seelen, / einsame, hoch und alt." *(Gottfried Benn, Quartär)*
Dialektwörter	„Jänner, Feber, März, April…" *(Gerhard Rühm, Jänner)*
Archaismen (veraltete Begriffe)	„Und als er die güldenen Sporen ihm gab" *(Ludwig Uhland, Die Rache)*
Auffällig gehobene Ausdrücke	„Ob Rosen, ob Schnee, ob Meere, / was alles erblühte, verblich" *(Gottfried Benn, Nur zwei Dinge)*
Neologismen (Wortneuschöpfungen)	„Knabenmorgen-Blütenträume" *(Johann Wolfgang von Goethe, Prometheus)*
Diminutivformen (Verkleinerungsformen)	„Du sollst ein Nönnchen werden, / Ein Nönnchen schwarz und weiß." *(Clemens Brentano, Lorelay)*

Verwendung bestimmter Wortarten:

Auffällige Häufung von bestimmten Wortarten	z. B. Verben, Adjektive, Substantive, Artikel, Personalpronomina
Gebrauch von Interjektionen	„Ach, ich merk es! Wehe! wehe!/Hab ich doch das Wort vergessen!/Ach, das Wort, worauf am Ende/Er das wird, was er gewesen." *(Johann Wolfgang von Goethe, Der Zauberlehrling)*

Satzbau

Der Satzbau in Gedichten unterscheidet sich oft von dem, was man aus dramatischen oder epischen Texten kennt. Das kann das unmittelbare Verständnis erschweren, eröffnet aber auch manche Einsichten in andere Lesarten und Bedeutungsebenen.

Ein Beispiel des Dichters Arno Holz aus dem Jahr 1889 kann dies verdeutlichen. Er formte den Prosasatz „Der Mond steigt hinter blühenden Apfelbaumzweigen auf" in einen lyrischen Satz, den Anfang eines Gedichts um:

> „Hinter blühenden Apfelbaumzweigen
>   steigt der Mond auf."

Eine ähnliche Technik findet sich in vielen Gedichten des 20. Jahrhunderts (s. Albert Ostermeier, Ratschlag für einen jungen Dichter, S. 17).

Neben dem veränderten Schriftbild weist auch die Umstellung der Satzglieder den Satz nun als Teil eines Gedichts aus.

Häufig gebrauchte syntaktische Besonderheiten sind:
- Die **Inversion**, die veränderte Wortfolge, die den Blick auf das Wesentliche richtet. Üblicherweise wird im deutschen Aussagesatz das Satzbauschema

    Subjekt – finite Verbform – Objekt(e)/Adverbialen

    verwendet. Bei der Inversion wird, wie das Beispiel von Arno Holz zeigt, das Satzglied vorgezogen, auf dem die Hauptbedeutung liegt.
- Der **Anakoluth**, der in Gedichten oft nicht auffällt, da Abweichungen von der Alltagssprache häufig vorkommen. Im folgenden Beispiel entsteht durch den Satzbruch ein eigenständiger Fragesatz: „Ich weiß nicht, was soll es bedeuten/dass ich so traurig bin" *(Heinrich Heine)* statt grammatikalisch richtig: „Ich weiß nicht, was es bedeuten soll, dass ich so traurig bin."
- Die **Ellipse**, die Auslassung eines Satzglieds, das für dessen Vollständigkeit notwendig ist. Ein vollständiger Aussagesatz besteht aus Subjekt und Prädikat; fehlt eines dieser Satzglieder, liegt eine Ellipse vor. Beispiel: Statt „Rauchen ist verboten" heißt es „Rauchen verboten" – das Prädikat fehlt.
- Die **Prolepse** (Satzunterbrechung), die Wiederaufnahme des Satzes nach dem Nomen mit dem Pronomen. Beispiel: „Ein Märchen aus alten Zeiten, das kommt mir nicht aus dem Sinn" *(Heinrich Heine)* an Stelle von: „Ein Märchen aus alten Zeiten kommt mir nicht aus dem Sinn."
- Der **Parallelismus** (gleiche Reihenfolge der Satzglieder in aufeinander folgenden Sätzen), z. B. „Heiß ist die Liebe, kalt ist der Schnee".
- Der **Chiasmus** (Überkreuzstellung der Satzglieder in zwei aufeinander folgenden Sätzen), z. B. „Die Mühen der Gebirge liegen hinter uns, Vor uns liegen die Mühen der Ebenen." *(Bertolt Brecht)*.

Sprachbilder

Häufiger als in anderen Literaturgattungen drücken sich die Autoren im Gedicht bildhaft aus. Manche Sprachbilder sind leicht zu erkennen und zu deuten, bei anderen muss man genauer hinsehen, um sie zu bemerken und zu entschlüsseln. In jedem Fall ist es aber so, dass Bilder **nicht eindeutig** sind, dass sie dem Leser die Möglichkeit zu **eigenen Assoziationen** eröffnen.

- Die einfachste Form bildhaften Sprechens ist der **Vergleich**. Mit Hilfe von Vergleichswörtern werden unterschiedliche Sinnbereiche zusammengebracht, z. B.: „Ein Mann wie ein Baum". Man hat es hier mit zwei getrennten Bedeutungszusammenhängen

2

Beispiele für Vergleiche: „schwarz wie die Nacht", „stark wie ein Löwe", „schlank wie eine Gerte".

Beispiele für Metaphern: „am Fuß des Berges", „Flug der Gedanken", „Flut der Ereignisse", „Kälte des Herzens".

Beispiel: „Schwarze Milch der Frühe" (Paul Celan, Todesfuge).

zu tun, die durch das Vergleichswort „wie" miteinander verknüpft werden. Dies ruft beim Leser Assoziationen wie „stark", „mächtig", „verwurzelt", „nicht leicht umzuhauen" usw. hervor. Diese Assoziationen sind viel umfassender, als es eine Beschreibung des Mannes durch den Autor an dieser Stelle sein könnte. Da Dichter gezwungen sind, sich in Gedichten äußerst knapp auszudrücken, verwenden sie oft Bilder.

- Die **Metapher** ist ein verkürzter Vergleich. Sie verbindet zwei unterschiedliche Sinnbereiche, die aber im entscheidenden Punkt vergleichbar sind, ohne Vergleichswort; z. B. „Das Licht der Wahrheit". Dabei ist gemeint, dass die Wahrheit so hell leuchtet wie ein Licht.
- Schwierig und nur im Kontext des Gedichtes zu entschlüsseln, ist die **Chiffre** (absolute Metapher), bei der die Autoren einfache, meist bildhafte Wörter unabhängig von ihrer eigentlichen Bedeutung in einem neuen Sinnzusammenhang verwenden, der bei der Deutung berücksichtigt werden muss.
  Die Chiffre ist besonders in der modernen Literatur häufig zu finden.
- Von **Allegorie** spricht man, wenn ein abstrakter Begriff bildlich dargestellt wird. Dazu wird häufig die Personifikation verwendet. Die Figur der Justitia steht für die Gerechtigkeit; sie wird meist als Frau mit verbundenen Augen (Rechtsprechung ohne Ansehen der Person), Waage (Abwägen des Urteils) und Schwert (richterliche Gewalt) dargestellt.
- Das **Symbol** ist ein sichtbares Zeichen, das als Sinnbild für einen abstrakten Sachverhalt verwendet wird. So gilt das Kreuz als Symbol für das Christentum. Es ist verbunden mit Leiden, Tod, aber auch christlicher Hoffnung.

Klang

Der Klang ist ein wichtiges Stilmittel des Gedichts. Er kann die Aussage unterstreichen oder im Widerspruch zu ihr stehen. Bei der Untersuchung des Klangs sollte man sich zuerst von seinen subjektiven Empfindungen leiten lassen. Klingt ein Gedicht dumpf, dunkel und hart, entsteht meist eine gedämpfte Stimmung bzw. ein unangenehmer Eindruck. Klingt es hell, freundlich, weich und melodisch, entsteht ein angenehmer Eindruck.
Die Klanggestalt eines Gedichts ist besonders durch die **betonten Vokale** bestimmt. Helle Vokale (e - i - ei - ü) vermitteln eine fröhliche, dunkle Vokale (a - o - ö - u - au) eine gedämpfte Stimmung.

Klangfiguren helfen, das Gedicht zu deuten:
- **Alliteration** (Stabreim) (gleicher Anlaut der betonten Silben bei mehreren Wörtern)
  Beispiel: „Er hat sich gewiegt,/Wo Weinen war" *(Hugo von Hofmannsthal, Vorfrühling)*.
  Wirkung: Steigerung der Eindringlichkeit
- **Anapher** (Ein Wort oder eine Wortgruppe werden am Anfang aufeinander folgender Verse, Strophen oder Sätze wiederholt.)
  Beispiel: „Die alte Frau hat mich behext,/Ich denke immer an die alte,/Die alte Frau, die Gott erhalte!/Die alte Frau hat mich so lieb" *(Heinrich Heine, Nachtgedanken)*.
  Wirkung: Verdeutlichung der Zusammengehörigkeit
- **Assonanz** (Kombination von Wörtern mit gleichen Vokalen bei verschiedenen Konsonanten)
  Beispiel: Töne – Flöhe
  Wirkung: Gleichklang, Harmonie
- **Lautmalerei** (Klangmalerei, Onomatopoesie) (Versuch, mit akustischen Reizen Wirkung zu erzielen)
  Beispiel. „Und es wallet und siedet und brauset und zischt,/ Wie wenn Wasser mit Feuer sich mengt,/Bis zum Himmel spritzt der dampfende Gischt" *(Friedrich Schiller, Der Taucher)*.
  Wirkung: Nachahmung natürlicher Laute, soll die Echtheit unterstreichen.

Reim

Auch die Reime zählen zu den Klangelementen der Lyrik. Wenn sich die Verse eines Gedichts reimen, klingt es. Reime können an verschiedenen Stellen auftreten: am Anfang eines Verses, im Vers und am Ende eines Verses. Es gibt verschiedene Reimarten:

Anfangsreim:
Im folgenden Beispiel wird der Anfangsreim („Laub – Staub") noch durch die Wiederholung des Anfangsworts „ein" (Anapher) verstärkt.
„<u>Ein</u> Laub, das grünt und falbt geschwind.
<u>Ein</u> Staub, den leicht vertreibt der Wind."
(Georg Friedrich Harsdörffer, Das Leben ist)

Binnenreim:
Ein Reim innerhalb eines Verses.
„Eine <u>starke</u>, schwarze <u>Barke</u>
segelt trauervoll dahin."
(Heinrich Heine, Childe Harold)

2

Gleich klingende Verse werden am Versende mit Kleinbuchstaben gekennzeichnet.

Endreime:

Von einem Endreim spricht man, wenn zwei oder mehr Wörter vom letzten betonten Vokal an gleich klingen. Folgende Unterscheidungen sind üblich:

- **Reiner Reim:**
  Gleichklang von Wörtern ab dem letzten, betonten Vokal.
  Komm, Sintflut der Seele, Schmerz, endloser Strahl   a
  Zertrümmre die Pfähle, den Damm und das Tal   a
  (Franz Werfel, Revolutions-Aufruf)

- **Unreiner Reim:**
  Unreiner Gleichklang von Wörtern ab dem letzten, betonten Vokal.
  Es dringen Blüten   a
  Aus jedem Zweig   b
  Und tausend Stimmen   a
  Aus dem Gesträuch.   b
  (Johann Wolfgang von Goethe, Mailied)

- **Reicher Reim:**
  Reimbildung von zwei Silben mit gleichlautendem Vokal.
  Wahrheit – Klarheit

- **Rührender Reim:**
  Gleichklang von identisch klingenden Wörtern mit verschiedener Bedeutung.
  Wirt – wird, heute – Häute

- **Assonanz:**
  Die Vokale klingen gleich, die Konsonanten sind verschieden.
  wunderbar – Unterpfand

- **Epipher:**
  Wiederholung des Wortes am Versende.
  Graut Liebchen auch vor Toten?   a
  Weh! Laß ruhn die Toten!   a
  (Gottfried August Bürger, Lenore)

- **Kehrreim, Refrain:**
  Die letzte(n) Zeile(n) der ersten Strophe werden in den übrigen Strophen wiederholt.
  O, gieb, vom weichen Pfühle,
  Träumend, ein halb Gehör.
  Bey meinem Saitenspiele,
  <u>Schlafe! was willst du mehr?</u>

  Bey meinem Saitenspiele
  Segnet der Sterne Heer
  Die ewigen Gefühle;
  <u>Schlafe! was willst du mehr?</u>
  (Johann Wolfgang von Goethe, Nachtgesang)

Bei den Endreimen unterscheidet man folgende **Reimfolgen**:

- **Paarreim:**
  Zwei aufeinander folgende Verse reimen miteinander. Reimschema: aabb.

Wenn ich abends einsam gehe	a
Und die Blätter fallen sehe,	a
Finsternisse niederwallen,	b
Ferne, fromme Glocken hallen:	b

  (Friedrich Hebbel, Spaziergang am Herbstabend)

- **Kreuzreim:**
  Jede zweite Verszeile reimt miteinander. Reimschema: abab.

Ich zog dich aus der Senke deiner Jahre	a
und tauchte dich in meinen Sommer ein	b
ich leckte dir die Hand und Haut und Haare	a
und schwor dir ewig mein und dein zu sein.	b

  (Ulla Hahn, Mit Haut und Haar)

- **Umarmender (umgreifender, umschließender) Reim:**
  Die erste und vierte Verszeile reimen miteinander. Reimschema: abba.

Dämmrung will die Flügel spreiten,	a
Schaurig rühren sich die Bäume,	b
Wolken ziehn wie schwere Träume –	b
Was will dieses Graun bedeuten?	a

  (Joseph von Eichendorff, Zwielicht)

- **Verschränkter Reim:**
  Die Reime greifen ineinander. Reimschema: abc abc.

Aus den Knospen, die euch deckten,	a
Süße Rosen, mein Entzücken,	b
Lockte euch der heiße Süd;	c
Doch die Gluten, die euch weckten,	a
Drohen jetzt euch zu ersticken,	b
Ach, ihr seid schon halb verglüht!	c

  (Friedrich Hebbel, Die Rosen im Süden)

- **Schweifreim:**
  Eignet sich besonders, um sechsversige Strophen zu bilden oder um die Terzette eines barocken Sonetts miteinander zu verbinden. Reimschema: aabccb.

Der hohen Taten Ruhm muß wie ein Traum vergehn.	a
Soll denn das Spiel der Zeit, der leichte Mensch, bestehn?	a
Ach, was ist alles dies, was wir für köstlich achten.	b
Als schlechte Nichtigkeit, als Schatten, Staub und Wind,	c
Als eine Wiesenblum, die man nicht wieder findt!	c
Noch will, was ewig ist, kein einig Mensch betrachten.	b

  (Andreas Gryphius, Es ist alles eitel)

- Waise:
Ein Vers, der mit keinem anderen reimt und dadurch besonders hervorgehoben ist.

Frühling läßt sein blaues Band	a
Wieder flattern durch die Lüfte;	b
Süße, wohlbekannte Düfte	b
Streifen ahnungsvoll das Land.	a
Veilchen träumen schon,	c
Wollen balde kommen.	d
Horch, von fern ein leiser Harfenton!	c
Frühling, ja du bist's!	e
Dich hab ich vernommen!	d

(Eduard Mörike, Er ist's)

2.4 Lyrische Gattungen und Formen

Typus	Beschreibung	Beispiele
Ballade	• **Erzählgedicht**; vereint die Grundgattungen der Dichtung: epische Erzählweise, dramatische Gestaltung, lyrische Stimmung • zeigt meist ungewöhnliche Ereignisse aus Mythos und Geschichte	*Schiller: Die Bürgschaft, Der Taucher* *Goethe: Der Zauberlehrling*
Elegie	• in Distichen verfasst • Inhalt: **Klage**, Liebe, Satire	*Rilke: Duineser Elegien*
Epigramm	• aus ein oder zwei Distichen • **Sinnspruch**, oft mit Pointe	*Goethe: Venezianische Epigramme*
Hymne	• **Preisgesang** mit religiösem, politischem oder philosophischem Inhalt • oft in freien Rhythmen	*Novalis: Hymnen an die Nacht* *Goethe: Prometheus*
Konkrete Lyrik	• **scheinbar kunstlose Reihung von Wörtern**, deren bildliche Anordnung den Sinn erhellt	*Bildgedichte von Ernst Jandl, Eugen Gomringer*
Lied	• Gereimtes, in Strophen gegliedertes Gedicht, das sich **zum Singen** eignet • in einfacher, volksnaher Sprache verfasst	*als Volksgut: Kinder-, Liebes-, Wanderlieder; Kunstform der Romantik*
Ode	• meist reimloses Gedicht in **antiken Versmaßen** • in Strophen gegliedert	*Klopstock: Der Messias*
Sonett	• Gedicht aus 14 Versen: **zwei Quartette, zwei Terzette** • dialektischer Aufbau • genau festgelegtes Versmaß: **6-hebiger Jambus** (Alexandriner) **mit Mittelzäsur**	*wurde vor allem im Barock verwendet (Andreas Gryphius)*

Gedichte können auch nach inhaltlichen Gesichtspunkten geordnet werden:

Alltagslyrik	Lyrik, die im Alltag eine Rolle spielt (s. Gebrauchslyrik)
Arbeiterlyrik	Lyrik von Arbeitern und /oder zu Inhalten aus der Arbeitswelt
Bildgedichte	Gedichte, die den Text in bildhafter Form wiedergeben, z. B. Emblemgedichte des Barock oder Konkrete Poesie
Gebrauchslyrik	Gedichte, die im täglichen Leben eine Rolle spielen, z. B. Geburtstagsgedichte, Festgedichte oder Kirchenlieder, aber auch Gedichte, die in der Werbung verwendet werden
Gedankenlyrik	Gedichte, die Gedanken über die Welt zum Inhalt haben (philosophische Gedichte)
Hermetische Gedichte	auch magische Lyrik genannt, der Inhalt ist oft nur schwer erschließbar
Kinderlyrik	Gedichte für Kinder, Abzählverse
Kriegslyrik	Gedichte, die das Kriegserlebnis thematisieren bzw. den Krieg stilisieren
Liebeslyrik	Gedichte, die das Thema Liebe thematisieren
Mundartlyrik	Gedichte, die in einer Mundart verfasst sind (Dialektgedichte)
Naturlyrik	Gedichte, in denen die Natur thematisiert wird
Ökolyrik	Gedichte, die ökologische Aspekte, den Umgang des Menschen mit der Natur zum Inhalt haben
Poetologische Gedichte	Gedichte über das Gedicht oder den Vorgang des Dichtens
Politische Lyrik	Gedichte zu politischen Themen
Religiöse Lyrik	Gedichte zu religiösen Themen

2 Arbeitsteil: Bearbeitung lyrischer Texte

Wenn Sie sich mit lyrischen Texten beschäftigen, sollten Sie wissen, wo grundsätzliche Probleme liegen können. Sie sollten aber auch wissen, welchen Vorteil gegenüber anderen Textsorten die Beschäftigung mit Gedichten haben kann.

Folgende Aspekte können Ihnen helfen, die gestellten Aufgaben richtig einzuschätzen:
- Lyrische Texte sind relativ kurz und gut überschaubar.
- Es ist nicht notwendig, dass Sie schon viel von dem betreffenden Dichter gelesen haben, dass Sie sein Gesamtwerk oder seine Biografie kennen.
- Aber: Der Name des Autors, seine Lebensdaten oder das Jahr der Veröffentlichung des Gedichts sind in der Regel angegeben. Dies lässt treffende Rückschlüsse auf die Epoche zu, nach der oft gefragt wird.
- Anders als bei Auszügen aus Romanen oder Dramen benötigen Sie keine Einführung in den Gesamtzusammenhang des Werks – das Gedicht steht für sich.
- Unerlässlich ist jedoch, dass Sie das zu untersuchende Gedicht (oder die beiden Vergleichstexte) mehrmals gründlich lesen. Gedichte sind oft in einer sehr verdichteten Sprache geschrieben und deshalb nicht immer sofort verständlich; flüchtiges Lesen führt oft zu Fehlurteilen.

Folgende Tipps helfen Ihnen bei der Anfertigung einer Gedichtinterpretation oder eines Gedichtvergleiches. Gehen Sie von besonderen Auffälligkeiten aus:
- von **Schlüsselstellen** (die oft an ungewöhnlichen Begriffen oder Wortneuschöpfungen erkennbar sind),
- von Stellen im Gedicht, die Ihnen **unklar** sind (fragen Sie sich: Was verbirgt sich dahinter?),
- von **syntaktischen Besonderheiten** (Gibt es Brüche im Satzbau?),
- von **phonetischen Auffälligkeiten** (Gibt es eine Häufung einzelner Laute?),
- von **Auffälligkeiten** im **Rhythmus**, **Versmaß** oder **Endreim** (Gibt es Brüche im Versmaß oder Unregelmäßigkeiten im Endreim, z. B. eine Waise?).
- Auch der **Titel** des Gedichts gibt manchmal Hilfen für das Verständnis.

2.5 Beispiele für die Aufgabenstellung

Wenn Sie sich dafür entschieden haben, sich in einer Prüfung mit dem Thema Lyrik zu beschäftigen, stehen Ihnen möglicherweise zwei Aufgabentypen zur Wahl: die Gedichtinterpretation oder der Gedichtvergleich.

Die Gedichtinterpretation

Bei der Gedichtinterpretation wird von Ihnen erwartet, dass Sie das betreffende Gedicht nach literaturwissenschaftlichen Gesichtspunkten deuten. Dazu müssen Sie mit dem Text arbeiten, indem Sie wichtige formale und inhaltliche Aspekte des Textes beschreiben, und die Erkenntnisse, die Sie dabei gewinnen, erläutern. Wichtig ist, dass Ihre Aussagen anhand des Textes überprüfbar und damit für den Leser Ihrer Arbeit nachvollziehbar sind.
Für die **Gedichtinterpretation** sind **zwei Aufgabentypen** üblich:

Eine **ausführliche** Aufgabenstellung, die die Kernbereiche der Interpretation vorgibt, z. B.:
1. Fassen Sie den Inhalt des Gedichts in eigenen Worten zusammen.
2. Untersuchen Sie den Aufbau des Gedichts.
3. Analysieren Sie Rhythmus, Versmaß, Reimschema und die sprachlich-stilistische Gestaltung.
4. Erläutern Sie, wie das lyrische Ich das Verhältnis von Mensch und Natur beurteilt. Arbeiten Sie dabei die epochentypische Denkweise heraus.

Eine **allgemeine** Aufgabenstellung, z. B.:
- Analysieren und interpretieren Sie das vorliegende Gedicht.

In diesem Fall erwartet man, dass Sie Aussagen zum Aufbau, zur Strophenform, zu Rhythmus, Versmaß, Reimschema und zum Motiv sowie zur literaturgeschichtlichen Einordnung selbstständig einbringen.

Hier wäre auch eine andere – themenbezogene – Aufgabe bzw. gestalterische Übung denkbar, z. B. Umgestaltung in einen Dialog oder Darstellung der Problematik in einem Leserbrief.

Der Gedichtvergleich

Für diese Form der Aufgabe sind folgende Möglichkeiten denkbar:
- **Vergleich mit einem Gedicht** (desselben Autors, das das gleiche Motiv behandelt oder aus derselben Epoche stammt),

- **Vergleich mit einem anderen literarischen Text** (Prosa, Dramenauszug, vom gleichen Autor, aus der gleichen Epoche), der dasselbe Motiv behandelt,
- **Vergleich mit einem Sachtext** (zum Motiv des Gedichts, der hilft, das Gedicht zu verstehen, der in seiner Aussage kontrastiv zum Gedicht ist usw.).

Beide auf Seite 43 genannten Aufgabenstellungen (die detaillierte wie auch die allgemeine) sind auch als Aufgaben für den Gedichtvergleich üblich.

2.6 Gestaltung und Entwurf einer Gliederung

Wenn Sie bei der Gedichtinterpretation bzw. beim Vergleich eines Gedichts mit einem anderen Text eine Gliederung abgeben müssen, hat diese eine zweifache Funktion:
- Die Gliederung hilft dem Leser, das Gelesene strukturieren zu können und damit besser zu verstehen.
- Die Gliederung hilft Ihnen, Ihre Gedanken in eine sinnvolle Form zu bringen und eine stimmige Arbeit zu schreiben.

Für die Gestaltung der Gliederung gelten folgende Grundregeln:
- Die Gliederung ist in ihrer Grobstruktur dreiteilig aufgebaut (Einleitung, Hauptteil, Schluss).
- Sie soll den Verlauf der schriftlichen Darstellung wiedergeben.
- Meist wird der Nominalstil erwartet.

Die Gliederungen sind nach dem alphanumerischen Prinzip (Wechsel von Buchstaben und Zahlen) verfasst; genauso üblich ist das numerische System: 1., 1.1, 1.1.1, 1.1.2, 1.2, 1.3 usw.

> Für die Gedichtinterpretation bietet sich folgendes Gliederungsschema an:
> A. Einleitung (z. B. Aussagen zum Inhalt, zum Thema, zur Motivik)
> B. Hauptteil: Analyse und Interpretation eines Gedichts
>   I. Inhalt
>   II. Aufbau und Form
>   III. Sprachlich-stilistische Gestaltung
>   1. Wortwahl
>   2. Satzbau
>   IV. Interpretation
>   1. Thematik
>   2. Autorenintention
>   3. Einordnung in die Epoche
> C. Schluss (z. B. abschließende Betrachtung, eigene Gedanken zum Thema, Vergleich mit einem anderen Werk)

Beim Gedichtvergleich sind zwei Gliederungsschemata denkbar. Das erste orientiert sich an einem linearen Interpretationsmodell, das andere ist aspektorientiert.

Lineares Modell

A. Einleitung (z. B. Aussagen zu Inhalt, Thema, Motivik)
B. Hauptteil: Vergleich des Gedichts mit …
  I. Erstes Gedicht
    1. Inhalt
    2. Aufbau und Form
    3. Sprachlich-stilistische Gestaltung
    4. Interpretation
  II. Zweites Gedicht (oder ein anderer Vergleichstext)
    1. Inhalt
    2. Aufbau und Form
    3. Sprachlich-stilistische Gestaltung
    4. Interpretation
  III. Vergleich der Gedichte (oder des Gedichts mit einem anderen Text)
    1. Thematik
    2. Autorenintention
    3. Einordnung in die Epoche
C. Schluss (z. B. abschließende Betrachtung, eigene Gedanken zum Thema, Vergleich der Motive)

Aspektorientiertes Modell

A. Einleitung (z. B. Aussagen zum Inhalt, zum Thema, zur Motivik)
B. Hauptteil: Vergleichende Interpretation der Gedichte
  I. Motiv 1
    1. Darstellung im Gedicht von …
    2. Darstellung im Gedicht von …
  II. Motiv 2
    1. Darstellung im Gedicht von …
    2. Darstellung im Gedicht von …
  III. Vergleich der Gedichte (oder des Gedichts mit einem anderen Text)
    1. Inhalt
    2. Sprachliche Gestaltung
    3. Darstellung des Motivs
    4. Autorenintention
    5. Einordnung in die Epoche
C. Schluss (z. B. abschließende Betrachtung, eigene Gedanken zum Thema, Vergleich der Motive)

Die vorgestellten Gliederungsschemata sind idealtypisch zu verstehen, sozusagen die Folie, auf der Sie arbeiten sollen. In jedem Fall müssen Sie die Gliederung inhaltlich füllen, d. h. statt „B. Hauptteil: Analyse und Interpretation eines Gedichts" müssten Sie dann schreiben: „B. Analyse und Interpretation des Gedichts „Prometheus" von Johann Wolfgang von Goethe".

2.7 Bearbeitung der Aufgaben

In diesem Kapitel wird Ihnen anhand eines Beispiels gezeigt, wie man bei einem Gedichtvergleich sinnvoll vorgehen kann. Dieses Verfahren können Sie – modifiziert – auch dann übernehmen, wenn Sie eine Gedichtanalyse anfertigen oder ein Gedicht mit einem anderen Text vergleichen. Folgende Gedichte werden Ihnen vorgelegt:

Johann Wolfgang von Goethe (1749 – 1832): Erster Verlust

Ach, wer bringt die schönen Tage,
Jene Tage der ersten Liebe,
Ach, wer bringt nur eine Stunde
Jener holden Zeit zurück!

5 Einsam nähr ich meine Wunde,
Und mit stets erneuter Klage
Traur ich ums verlorne Glück.

Ach, wer bringt die schönen Tage,
Jene holde Zeit zurück!

Karin Kiwus (geb. 1942): Lösung

Im Traum
nicht einmal mehr
suche ich
mein verlorenes Paradies
5 bei dir

ich erfinde es
besser allein
für mich

In Wirklichkeit
10 will ich
einfach nur leben
mit dir so gut
es geht

Die Aufgabenstellung lautet:
1. Beschreiben Sie Inhalt und Aufbau der beiden Gedichte.
2. Erklären Sie, wie die formale und sprachliche Gestaltung die jeweilige Aussage verdeutlichen.
3. Erörtern Sie, warum es sich bei dem Gedicht von Karin Kiwus um ein modernes Gedicht handelt. Ziehen Sie das Gedicht Goethes zum Vergleich heran.

Vorgehen bei der Analyse:
- Zuerst werden Sie die beiden Gedichte mehrmals lesen.
- Sie sollten sich dann überlegen, warum Sie gerade diese beiden Gedichte miteinander vergleichen sollen.
- Dabei wird Ihnen auffallen, dass die beiden Gedichte ein gemeinsames Motiv haben: Es geht in beiden Gedichten um die Liebe. Ihnen wird aufgefallen sein, dass die Liebe bzw. die Liebesbeziehung in einem Gedicht schwärmerisch, im anderen sachlich, nüchtern gesehen wird.
- Nun sollten Sie die Gedichte jedes für sich nach den Kriterien untersuchen, die bei der Gedichtanalyse wichtig und in der Aufgabenstellung besonders hervorgehoben sind. Die Zusammenfassung (s. S. 56) kann Ihnen dabei nützlich sein:

Untersuchung des Gedichts „Erster Verlust" von Johann Wolfgang von Goethe:

Inhalt	Text			Sprache
	Erster Verlust	Kadenz	Reim	
Satz 1 (Ausrufesatz): Klagende Erinnerung an die Vergangenheit: Die Zeit der ersten Liebe	x́ x x́ x x́ x x́ x Ach, wer bringt die schönen Tage,	w	a	Ausruf, anaphorisch gebraucht
	x́ x x́ x x x́ x x́ x Jene Tage der ersten Liebe,	w	b	Waise
	x́ x x́ x x́ x x́ x Ach, wer bringt nur eine Stunde	w	c	Parallelismus (vgl. Vers 1)
	x́ x x́ x x́ x x́ Jener holden Zeit zurück!	m	d	
Satz 2 (Aussagesatz): Vergangenheit wird lebendig gehalten.	Einsam nähr <u>ich</u> meine Wunde,	w	c	„ich" als einziges Personalpronomen im gesamten Gedicht (zweimaliges Vorkommen in Strophe 2)
	Und mit stets erneuter Klage	w	a	
	Traur <u>ich</u> ums verlorne Glück.	m	d	
Satz 3 (Ausrufesatz): Aussage wird auf die Klage reduziert.	<u>Ach</u>, wer bringt die schönen Tage,	w	a	verkürzte, variierte Wiederholung der ersten Strophe
	Jene holde Zeit zurück!	m	d	

47

2

Folgende Gesichtspunkte können sich bei der Analyse des Gedichts „Erster Verlust" ergeben:

Zu Inhalt und Aufbau:
- Das lyrische Ich in Goethes Gedicht beklagt den **Verlust seiner ersten Liebe**; es trauert um sein verlorenes Glück und sehnt die vergangene Zeit wieder herbei.
- „Erster Verlust" besteht aus drei Sätzen, dabei bildet jeder Satz eine Strophe. Die Strophen sind unterschiedlich lang: Sie umfassen vier, drei und zwei Verse. Diese Bauform kann als **Klimax** verstanden werden, da die letzte Strophe aus einer abgewandelten Wiederholung der Verse 1 und 4 besteht. Die Strophen 1 und 3 drücken den Wunsch des lyrischen Ichs aus, der eingeschobene zweite Satz, ein Aussagesatz, dient der Erläuterung des Wunsches.
- Der **vierhebige Trochäus** stärkt die wehmütige Stimmung.
- Das **unregelmäßig umgreifende Reimschema** a – b – c – d – c – a – d – a – d bindet die Verse eng aneinander, die Waise des b-Verses (das Wort „Liebe") wird besonders hervorgehoben.
- Die **Kadenzen** sind weiblich, nur am Strophenende findet sich jeweils eine männliche Kadenz (zurück – Glück – zurück).

Zur sprachlich-stilistischen Gestaltung:
- **Ausrufe** (V. 1/3/8): in der Funktion eines Imperativ, Aufforderung, die Vergangenheit wieder gegenwärtig zu machen.
- **Anaphern** („Ach!"): betonen die Trauer, Wehmut, Klage des lyrischen Ichs.
- **Parallelismus**: Wirkt verstärkend, da sich das lyrische Ich nicht von der Vergangenheit lösen kann. Der in diesem Vers formulierte Wunsch kehrt dreimal wieder und nimmt damit ein Drittel des neun Verse umfassenden Gedichts ein.
- Dreimalige **Wiederholung** des Verbs „bringen": Die zentrale Aussage des Gedichts wird betont. Die beiden anderen Verben „nähr" (V. 5) und „Traur" (V. 7) kommen jeweils nur einmal vor.
- **Satzarten**: Zwei der drei Sätze sind Ausrufesätze, nämlich der erste und der letzte Satz. In ihnen wird der Wunsch des lyrischen Ichs, die „schönen Tage" noch einmal erleben zu können, ausgedrückt. Der mittlere Satz ist als Aussagesatz gestaltet; er erläutert die psychische Verfassung des lyrischen Ichs.

Untersuchung des Gedichts „Lösung" von Karin Kiwus:

Inhalt	Text	Sprache
Hinweis zum Verständnis des Gedichts	**Lösung**	Eines von vier Substantiven in diesem Gedicht.
Die Hoffnung auf die große Liebe wird aufgegeben.	Im <u>Traum</u>	
	nicht einmal mehr	Inversion, betont das Substantiv
	suche <u>ich</u>	Personalpronomen deuten auf die Zweierbeziehung hin.
	<u>mein</u> verlorenes Paradies	Metapher
	bei <u>dir</u>	
	<u>ich</u> erfinde es	
Kernaussage! (Bezug zum Titel)	besser allein	Bedeutung der Mittelachse (in dieser Strophe kommt das „Du" nicht vor)
	für <u>mich</u>	
Die Beziehung wird realistisch gesehen.	In Wirklichkeit	Gegensatz zu Zeile 1
	will <u>ich</u>	
	einfach nur leben	Alltagssprache
	mit <u>dir</u> so gut	
	es geht	

Folgende Gesichtspunkte können sich bei der Analyse des Gedichts „Lösung" ergeben:

Zu Inhalt und Aufbau:
- Dem lyrischen Ich in Karin Kiwus' Gedicht ist bewusst, dass seine **Beziehung zum Partner nicht ideal** ist. Es hat sich aber mit der Situation abgefunden und versucht das Beste daraus zu machen.
- Das Gedicht ist in **drei Versgruppen** zu fünf, drei und fünf Zeilen gegliedert, wobei die einzelnen Strophen thematisch und aufgrund der fehlenden Satzschlusszeichen ineinander übergehen. Trotzdem beschreiben sie ganz verschiedene Situationen: Versgruppe 1 zeigt die Desillusionierung des lyrischen Ichs, das

2

von seinem Partner enttäuscht ist. In Versgruppe 2 wird mitgeteilt, dass das lyrische Ich es vorzieht, sein Glück allein zu finden. Um die Realität geht es in Versgruppe 3: Das lyrische Ich will mit seinem Partner „leben … so gut es geht".

- Dieses Gedicht kommt **ohne Reime** aus, ein Endreimschema ist deshalb nicht auffindbar. Auch die anderen traditionellen Gestaltungsmittel wie Vermaß und Kadenz fehlen. Die inhaltliche Gliederung des Gedichts äußert sich in seiner Struktur, im Zentrum steht die Wortgruppe „besser allein" (Z. 7), die die **Mittelachse** des Gedichtes bildet und auf der deshalb besonderes Gewicht liegt.

Zur sprachlich-stilistischen Gestaltung:
- **Inversion** in Satz 1: Sie ist ein Gestaltungsmittel, das das flüssige, flüchtige Lesen verhindert und damit den Wert des Gedichts erhöht. Sie betont zudem das Nomen „Traum", dem als einem von vier Nomen besondere Bedeutung zukommt.
- Verwendung von **Nomen**: Das Gedicht beinhaltet nur vier Nomen, nämlich „Lösung", „Traum" (Z. 1). „Paradies" (Z. 4) und „Wirklichkeit" (Z. 9). Dabei stehen „Traum" und „Paradies" in einem engen Verhältnis (beide befinden sich in der ersten Versgruppe). Zwischen „Traum" und „Wirklichkeit" besteht ein Gegensatz, der die im Gedicht beschriebene Grundsituation verdeutlicht.
- Die **Metapher** „mein verlorenes Paradies" (Z. 4) unterstreicht die sinnlose Suche nach einer absoluten, für die Partner in jeder Hinsicht erfüllenden Liebe. Das Streben nach einer derartigen Beziehung ist ähnlich utopisch, wie die Suche nach dem „Paradies"; eine solche Beziehung zu finden ist ganz und gar unmöglich, worauf das Adjektiv „verloren" hindeutet.

Die Überschrift gibt einen Hinweis darauf, wie das Gedicht verstanden werden soll. Die „Lösung" findet sich im mittleren Vers: „besser allein".

2.8 Musterklausur

Vergleich der Gedichte „Erster Verlust" von Johann Wolfgang von Goethe und „Lösung" von Karin Kiwus

Gliederung:

A. Liebesverlust als Motiv in der Literatur
B. Vergleich der Gedichte „Erster Verlust" von Johann Wolfgang von Goethe und „Lösung" von Karin Kiwus
   I. Aufbau und Inhalt
      1. Aufbau des Gedichts „Erster Verlust" von Johann Wolfgang von Goethe
      2. Aufbau des Gedichts „Lösung" von Karin Kiwus
      3. Vergleichende Deutung
   II. Formale und sprachliche Gestaltung der Gedichte
      1. in „Erster Verlust" von Goethe
      2. in „Lösung" von Karin Kiwus
   III. Bedeutung der Gedichttitel
   IV. Begründete literaturgeschichtliche Einordnung des Gedichts von Karin Kiwus
      1. Formale Aspekte
      2. Inhaltliche Begründung
C. Variation des Motivs „Liebe" in verschiedenen Epochen

Ausführung:

Die beiden Gedichte „Erster Verlust" von Johann Wolfgang von Goethe und „Lösung" von Karin Kiwus handeln von dem gleichen Problem, nämlich dem Verlust einer Liebe. Goethe und Kiwus, eine moderne Lyrikerin, stehen dem Problem jedoch sehr unterschiedlich gegenüber, woraus sich erkennen lässt, dass sich die Einstellung zur Liebe und zum Umgang mit der Liebe im Lauf der Zeit verändert hat.   *Vergleichbare Thematik*

Goethe hat sein Gedicht in drei Strophen von ungleicher Länge unterteilt: Die erste Strophe umfasst vier, die zweite drei und die dritte nur zwei Verse. In den ersten vier Versen klagt das lyrische Ich über das Ende einer schönen Zeit mit der   *Strophengliederung in „Erster Verlust"*

Strophengliederung in „Lösung"

Geliebten. Es wird der Wunsch geäußert, dass doch wenigstens „nur eine Stunde/Jener holden Zeit" (V. 3f.) zurückgebracht werden solle. Während in den ersten vier Versen die Traumvorstellung des lyrischen Ichs genannt wird, dass „Jene Tage der ersten Liebe" (V. 2) wiederkehren sollen, wird in den Versen 5 bis 7 der gegenwärtige Umgang des Betroffenen mit seinen Problemen dargestellt: Das lyrische Ich ist nicht in der Lage zu akzeptieren, dass die „schönen Tage" (V. 1) vorbei sind, sondern versinkt immer wieder „mit stets erneuter Klage" (V. 6) in seiner Trauer „ums verlorne Glück" (V. 7). Die dritte Strophe wiederholt noch einmal den Wunsch, der schon zu Beginn des Gedichts mehrmals geäußert wurde, die Wiederkehr der „holde[n] Zeit" (V. 9). Diese Wiederholung verbindet den Anfang des Gedichts (die ersten vier Verse) mit dem Schluss, was dem Gedicht einen Rahmen gibt und es in sich schließt.

Karin Kiwus hingegen hat ihr Gedicht ganz anders aufgebaut. Es besteht aus drei Strophen, wobei die erste und letzte aus jeweils fünf Versen, die mittlere Strophe aber aus drei Versen besteht. Der erste Absatz sagt aus, dass das lyrische Ich die Wunschvorstellung, sein „Paradies" (V. 4) solle mit derselben Person („bei dir", V. 5) wieder existieren, aufgegeben hat. Nicht einmal „im Traum" (V. 1) sucht es das „verlorene" (V. 4) Glück noch bei dem Partner. In der zweiten Strophe erfährt der Leser, dass das lyrische Ich es bevorzugt, eigenständig sein Glück zu finden, „allein" (V. 7) nur für sich selbst (vgl. V. 8). Dies wird als Lösung der schmerzhaften Verlustsituation angesehen, als gute Möglichkeit, über das Geschehene hinwegzukommen. Die ersten beiden Abschnitte, die über den inneren, den gedanklichen Umgang des Betroffenen mit dem Problem berichten, setzen sich von der letzten Strophe ab, da diese den praktischen Aspekt der Problemlösung beinhaltet. Das lyrische Ich hält es für das Einfachste, das Beste aus der momentanen Situation zu machen. Anstatt der Vergangenheit nachzutrauern, lebt es in der „Wirklichkeit" (V. 9) und versucht „so gut es geht" (V. 12 f.) mit der gleichen Person, mit der früher eine Liebesbeziehung bestand, weiterhin zusammenzuleben.

Dies alles zeigt, dass die Autoren eine völlig unterschiedliche Haltung zur Bewältigung des Problems einnehmen. Während das lyrische Ich in Goethes Gedicht der Vergangenheit nachtrauert und es nicht schafft, in die Gegenwart, geschweige denn die Zukunft zu sehen, hat das lyrische Ich bei Karin Kiwus bereits resigniert, sich mit der Situation abgefunden und versucht, das Beste daraus zu machen.

erster Deutungsversuch

Diese Einstellung verdeutlichen die Autoren auch durch die formale Gestaltung ihrer Texte. Goethes Gedicht beginnt mit einem Ausruf, der dem Inhalt nach einem Imperativ entspricht, nämlich der Aufforderung, die Vergangenheit wieder gegenwärtig zu machen. Dies bewirkt Lebendigkeit, was dem Leser den Eindruck vermittelt, dass das lyrische Ich bei seinen Gedanken an vergangene Tage immer noch sehr gefühlvoll und leidenschaftlich ist. Auch verwendet Goethe viele Verben, wovon das Verb in Vers 5 besonders aussagekräftig ist. Das lyrische Ich leidet nicht nur an seinen seelischen Verletzungen, es belebt diese immer wieder von neuem, es „nähr[t seine] Wunde" (V. 5), so dass diese nicht verheilen kann. Weiter fällt auf, dass Goethe eine Anapher verwendet („Ach wer bringt...", V. 1, 3, 8) und zwei von drei Sätzen gleich gebaut sind (1. und 3. Satz). Indem in diesem Parallelismus immer wieder der gleiche Wunsch geäußert wird, zeigt sich, dass sich das lyrische Ich nicht vom Vergangenen lösen kann. Die Klageformel rahmt Goethes Gedicht ein, sie wird am Beginn und am Ende mit fast identischen Worten, nur zusammengefasst, wiedergegeben. Daraus kann man schließen, dass das lyrische Ich so in seiner Wunschvorstellung gefangen ist, dass es unmöglich ist, diese aufzugeben.

formale und sprachliche Gestaltung von „Erster Verlust"

Karin Kiwus' Gedicht wirkt im Gegensatz zu „Erster Verlust" recht monoton. Die Inversion in der ersten und in der letzten Strophe (es müsste eigentlich heißen: „Ich suche nicht einmal mehr im Traum mein verlorenes Paradies bei dir") verhindert ein zügiges und flüssiges Lesen des Textes, wodurch eine gewisse Trägheit entsteht. Auch verwendet die Autorin nur drei Tätigkeitsverben, die in ihrem Gedicht aber durchweg passiven Charakter haben: leben, suchen und finden. Dies zeigt, dass sich das lyrische Ich bereits mit der Situation abgefunden hat und gar nicht mehr willens ist,

formale und sprachliche Gestaltung von „Lösung"

gegen den Missstand, dass das „Paradies" (V. 4) verloren ist, anzukämpfen. Durch den Verzicht auf einen Reim wirkt das Gedicht noch eintöniger und, indem sie jeden Rhythmus vermeidet, lässt die Autorin keine Dynamik entstehen. All dies vermittelt die Passivität und Resignation des lyrischen Ichs, welches - anstatt durch eigenes Bemühen die Vergangenheit wieder herbeizuführen - lieber in der trostlosen „Wirklichkeit" (V. 9) lebt.

Bedeutung der Gedichttitel

Der Gegensatz im Umgang mit dem Liebesverlust wird in den Titeln der Werke ebenfalls besonders deutlich. Der Titel „Erster Verlust" weist ganz klar darauf hin, dass sich das lyrische Ich in Goethes Gedicht noch immer mit dem Geschehenen befasst, wohingegen Karin Kiwus durch die Überschrift „Lösung" zu verstehen gibt, dass das lyrische Ich glaubt, bereits einen Ausweg aus seiner Lage gefunden zu haben.

Zeitgebundenheit der Gedichte

Alle diese genannten Gesichtspunkte machen die Unterschiede zwischen Goethes Gedicht, welches gegen Ende des 18. Jahrhunderts geschrieben wurde, und Karin Kiwus' Gedicht „Lösung" deutlich, das ein zeitgenössisches, modernes Werk ist.

Bedeutung von Rhythmus...

Dies lässt sich zunächst einmal an der Form des Gedichts erkennen. Kiwus hält sich in keiner Weise an formale Regeln. „Lösung" ist ohne jeden Rhythmus und liest sich eher wie Prosa im Gegensatz zu Goethes Gedicht, bei dem der Rhythmus bis auf eine Unregelmäßigkeit in Vers zwei eingehalten wird.

und Versmaß

Auch verzichtet die Autorin auf Reim und Versmaß (Goethes Gedicht ist im Trochäus verfasst) und teilt ihre Verse scheinbar willkürlich in Strophen ein. So gruppiert sie meist zwei oder drei Worte zu einem Vers, am Ende des Gedichts vier (V. 12). Auf die Anzahl der Silben wird ebenfalls nicht geachtet. Diese Missachtung jeder Art von formalen

„Lösung" als modernes Gedicht

Regeln und Normen ist typisch für ein modernes Gedicht, wobei sich diese Aussage nicht nur über die Form, sondern auch durch den Inhalt von Kiwus' Gedicht begründen lässt. So findet sich das lyrische Ich in „Lösung" mit der bestehenden Lage ab, gibt sich ihr kampflos hin, ohne sich selbst für die Verwirklichung seines Traumes, der Wiederkehr der Liebe, zu engagieren. Das lyrische Ich in Goethes Gedicht hingegen hängt geradezu verzweifelt und mit unglaublicher Leidenschaft an dem Vergangenen. Anstatt zu resignieren hält es seine

Idealvorstellung von der Liebe aufrecht und belebt dieses Ideal immer wieder von neuem, auch wenn es schmerzhaft ist. Auch dieser inhaltliche Gegensatz zwischen Resignation und Idealismus zeigt ganz deutlich den Unterschied zwischen traditioneller und moderner Lyrik, die oftmals hoffnungslos und passiv erscheint.

Auch wenn in beiden Gedichten der Verlust einer Liebe beschrieben wird, lässt sich die Aussage der Autoren wahrscheinlich auch auf andere Bereiche des Lebens übertragen. Goethes Text thematisiert das Streben nach einem Idealzustand, während sich Kiwus für das Abfinden mit der Realität ausspricht. Diese Grundeinstellungen sind nicht an das Phänomen „Liebe" geknüpft, sie lassen sich überall im Leben der Menschen finden.

Variation des Motivs „Liebe" in verschiedenen Epochen

Zusammenfassung: Gedichtanalyse

Der erste Zugang zu einem Gedicht
- Genaues, mehrmaliges Lesen
- Anstreichen von Auffälligkeiten und unklaren Stellen
- Notieren von spontanen Einfällen zu Inhalt, Sprache, Autor usw.

Reflexion des Inhalts
- Bedeutung des Titels?
- Welches Motiv, welches Thema, welcher Gegenstand wird behandelt?
- Was ist die Aussage des Gedichts?

Analyse der Form
- Wie ist der Aufbau des Gedichts? Einteilung in Strophen, Verse usw.
- Wie sind die Strophen gestaltet?
- Welche Strophenform liegt vor?
- Welches Versmaß liegt vor?
- Welches Reimschema ist zu erkennen?
- Wie wirkt der Rhythmus des Gedichts?
- Gibt es Auffälligkeiten wie Enjambement, Kadenz, Auftakt?

Betrachtung der Sprache
- Gibt es Auffälligkeiten im Lautbestand?
- Wie wirken die Reime?
- Was fällt an der Wortwahl auf?
- Gibt es Schlüsselwörter?
- Was lässt sich über den Satzbau sagen?
- Verwendet der Autor besondere sprachliche Bilder, Vergleiche, Metaphern usw.?

Abschließend
- Hat das Gedicht eine feste Bauform (z B. Sonett, Stanze, Volkslied)?
- Welche Wirkung geht von dem Gedicht aus? Wirkt es informativ, appellativ? Gehört es zur Natur-, Erlebnis- oder Gedankenlyrik?
- Wer ist der Autor des Gedichts? In welchem Zusammenhang zu seinem Werk steht es?
- In welche Epoche kann man das Gedicht einordnen? Welche Argumente gibt es für diese Zuordnung?

Drama

Verehrtes Publikum, jetzt kein Verdruß:
Wir wissen wohl, das ist kein rechter Schluß.
Vorschwebte uns: die goldene Legende.
Unter der Hand nahm sie ein bitteres Ende.
Wir stehen selbst enttäuscht und sehn betroffen
Den Vorhang zu und alle Fragen offen.
Dabei sind wir doch auf Sie angewiesen
Daß Sie bei uns zu Haus sind und genießen.
Wir können es uns leider nicht verhehlen:
Wir sind bankrott, wenn Sie uns nicht empfehlen!
Vielleicht fiel uns aus lauter Furcht nichts ein.
Das kam schon vor. Was könnt die Lösung sein?
Wir konnten keine finden, nicht einmal für Geld.
Soll es ein andrer Mensch sein? Oder eine andre Welt?
Vielleicht nur andere Götter? Oder keine?
Wir sind zerschmettert und nicht nur zum Scheine!
Der einzige Ausweg wär aus diesem Ungemach:
Sie selber dächten auf der Stelle nach
Auf welche Weis dem guten Menschen man
Zu einem guten Ende helfen kann.
Verehrtes Publikum, los, such dir selbst den Schluß!
Es muß ein guter da sein, muß, muß, muß!

Bertolt Brecht, Der gute Mensch von Sezuan, Epilog

3 Prüfungswissen: Was ist Dramatik?

Der Begriff „Drama"

Im alltäglichen, umgangssprachlichen Sprachgebrauch ist häufig dann von einem Drama die Rede, wenn ein Vorfall ein schlimmes Ende nimmt. Im literaturwissenschaftlichen Sinn ist dieser Gebrauch des Begriffs falsch: Ein Drama muss nicht schlecht ausgehen, es kann auch versöhnlich, ja lustig enden. Drama heißt nichts anderes als Schauspiel. Was die Umgangssprache meint, ist eigentlich die **Tragödie**, die Handlung mit tragischem Ende. Ihr gegenüber steht die **Komödie**, das Lustspiel.

Das Drama im klassischen Athen

Beide, Lustspiel und Trauerspiel, haben ihren Ursprung in kultischen Handlungen im **antiken Griechenland**. Dort erreichten im 5. Jahrhundert vor Christus Spiele zu Ehren des Gottes Dionysos einen Höhepunkt. Anlässlich der Großen Dionysien im März bzw. April jeden Jahres wurde Tragödien und Komödien aufgeführt. Anders als heute, wo man für eine Theaterkarte oft viel Geld bezahlen muss, war in Athen der Eintritt frei – die Zuschauer, die während der Aufführung ihre Arbeit ruhen lassen mussten, erhielten sogar ein Schaugeld, das sie für den Verdienstausfall entschädigen sollte. Dies verdeutlicht, wie wichtig man damals das Theater nahm. Es war eine Institution der Polis, die Schauspiele behandelten im weitesten Sinn politische Themen.

Kennzeichen von Dramen

Noch heute zeigen Dramen bestimmte Kennzeichen, die schon in der Antike so oder ähnlich angelegt waren:

- Im Mittelpunkt eines Dramas steht die **Handlung**.
- Diese wird von **Schauspielern** vorgeführt, die dazu in bestimmte **Rollen** schlüpfen.
- Die Handlung entsteht durch Rede und Gegenrede, durch **Monolog** und **Dialog**.
- Die wörtliche Aussage wird begleitet durch **Mimik** und **Gestik**, durch **Kostüme**, **Kulisse**, **Bühnenbild** und **Beleuchtung**.
- **Zuschauer** betrachten das Geschehen oder nehmen durch Klatschen, Lachen, Weinen oder Zwischenrufe daran teil.

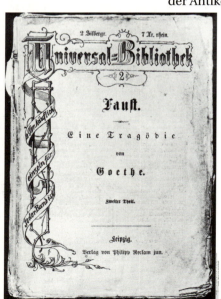

Titelblatt „Faust"

3.1 Dramatische Handlung

Jedes Drama lebt von der Handlung. Diese Handlung, die von Schauspielern vorgeführt oder als Text gelesen werden kann, ist jedoch das Endprodukt, dem meist lange Vorüberlegungen vorausgehen. Oft arbeiten Autoren so: Sie wählen einen Stoff, den sie für ihr Anliegen für geeignet halten, reduzieren ihn auf ein Thema und entwickeln daraus eine Geschichte, die sie dramatisieren, indem sie Personen schaffen, die durch Sprache, Mimik, Gestik usw. die Handlung darstellen.

Stoff – Thema – Geschichte

Die Entstehung von Goethes Schauspiel „Faust. Der Tragödie erster Teil" kann das veranschaulichen: Johann Georg Faust ist eine historische Figur, die zwischen 1480 und 1540 gelebt hat. Um ihn ranken sich viele sagenhafte Geschichten, die schon zur Zeit des Humanismus aufgeschrieben, von dem Engländer Christopher Marlowe dramatisiert und in Deutschland als Puppenspiel aufgeführt wurden. Außerdem kannte Goethe den Fall der Margaretha Brandt aus Frankfurt, die 1772 als Kindsmörderin hingerichtet wurde. Diese beiden Quellen liefern den **Stoff**, dessen sich Goethe bediente.

Das **Thema**, das Goethe gestaltete, ist der Zwiespalt Fausts, der sich zwischen seiner Liebe zu Gretchen und seinem Erkenntnisdrang, den Mephisto scheinbar befriedigen kann, hin und her gerissen fühlt.

Johann Wolfgang von Goethe, 1749–1832

Um dieses Thema herum gestaltete Goethe die **Handlung** seines Dramas: Der Gelehrte Faust strebt danach zu erkennen, „was die Welt im Innersten zusammenhält". Deshalb lässt er sich mit Mephisto ein, lernt dabei Gretchen kennen und verliebt sich in sie. Gretchen und Mephisto werden zu Gegenspielern, die beide Faust auf ihre Seite ziehen wollen. Gretchen setzt auf die Liebe und die Allmacht Gottes, Mephisto auf die Neugierde und Lebenslust Fausts und versucht ihn von Gott abzuziehen. Dabei kommt es zu einigen Verwicklungen, Faust wird schuldig am Tod mehrerer Menschen aus Gretchens Familie, Gretchen wird wegen der Ermordung des gemeinsamen Kindes hingerichtet, doch auch Mephisto gelingt es nicht, sich Fausts ganz zu bemächtigen.

Diese Geschichte (auch **Fabel** oder **story** genannt) setzte Goethe in eine Dramenhandlung bestehend aus 17 Szenen um (auch **plot** genannt), heute bekannt als „Faust. Der Tragödie erster Teil", erschienen 1808.

3

Handlung – Handlungsschritte – Handlungstempo

Der Handlungsverlauf im Drama ist nicht zufällig; er ist Ergebnis einer genau durchdachten Komposition (vgl. die Bedeutung dieses Begriffs in der Musik).

Wenn im Zusammenhang mit einem Drama von Handlung die Rede ist, ist damit nicht nur die Aktion gemeint, die auf der Bühne stattfindet; das ist nur die **äußere Handlung**. Mit dem Begriff **innere Handlung** sind die Vorgänge gemeint, die sich innerhalb der Figuren abspielen. Eine weitere Unterscheidung ist notwendig. Manche Vorgänge sind auf der Bühne sichtbar, andere nicht, z. B. weil sie sich auf einem Nebenschauplatz ereignen, der auf der Bühne nicht dargestellt wird. Folgende Darstellung zeigt die verschiedenen Formen von Handlung:

äußere Handlung	Aktion, Geschehen auf der Bühne oder auf anderen Handlungsschauplätzen
innere Handlung	Vorgänge in den Figuren, ihre geistige und seelische Entwicklung
offene Handlung	Handlung, die auf der Bühne sichtbar ist. Die Handlung eines Dramas ist meist offene Handlung.
verdeckte Handlung	Handlung, die auf der Bühne nicht sichtbar ist, die dem Zuschauer z. B. durch den Botenbericht oder die Teichoskopie (Mauerschau) vermittelt werden muss. Auch die Exposition informiert über die verdeckte, nämlich zeitlich zurückliegende Handlung.

Ähnlich wie eine Erzählung aus verschiedenen Erzählschritten besteht, lassen sich bei Schauspielen einzelne **Handlungsschritte** feststellen. Sie ergeben sich, indem die Figuren die Ausgangssituation verändern und durch ihr Handeln eine neue Situation herbeiführen, die dann wieder durch das Handeln einer Figur verändert wird usw. Im traditionellen Drama fallen Handlungsschritte und Szenen oft zusammen.

Als Beispiel soll wieder Johann Wolfgang von Goethes Drama „Faust. Der Tragödie erster Teil" herangezogen werden:
Die Szene „Nacht" zeigt einen völlig verzweifelten Faust: Die Beschwörung der Geister ist misslungen, Wagner lenkt nicht wirklich vom Problem Fausts ab, dieser sieht nur noch im Selbstmord einen Ausweg. Erst durch das Läuten der Osterglocken wird Faust an die Existenz Gottes erinnert und gibt seine Absicht, sich selbst umzubringen, auf. Damit ist ein Handlungsschritt abgeschlossen und für die Bühnenhandlung in der Szene „Vor dem Tor" ergibt sich eine neue Ausgangssituation. Faust begibt sich unter das Volk, ist empfänglich für Ablenkung und findet wieder neuen Lebensmut.

Komödie – Tragödie – Tragikomödie

Die Tatsache, dass eine Geschichte dramatisiert wird, sagt nichts aus über die Form des Dramas. Sollen die Zuschauer zum Lachen gebracht werden, etwa indem sie sich über das Verhalten der Figuren oder über das, was sie sagen, amüsieren? In diesem Fall müsste der Autor seine Geschichte als **Komödie** darbieten.

Sollen die Zuschauer die Figuren bedauern, Mitleid mit ihnen empfinden oder von den tragischen Vorkommnissen gerührt sein? Dann ist die Form der **Tragödie** angebracht.

In der nachklassischen Zeit greifen die Autoren auch manchmal zu einem Trick: Sie verbinden komische und tragische Elemente, so dass eine **Tragikomödie** entsteht. Dabei wird eine tragische Grundsituation durch komische Motive und Situationen so verstärkt, dass die ausweglos tragische Situation besonders unterstrichen wird.

Typus	Beschreibung	Beispiele
Komödie (Lustspiel)	Bühnenstück mit komischem, lustigem oder heiterem Inhalt. Scheinbar allgemein verbindliche Werte werden als lächerlich dargestellt, menschliche Schwächen bloßgestellt. Häufige Themen sind das Missverhältnis von Schein und Sein, veraltete gesellschaftliche Konventionen, Fehlverhalten eines Einzelnen. Oft entsteht die Wirkung durch Sprach- oder Situationskomik.	*Gotthold Ephraim Lessing: Minna von Barnhelm, Heinrich von Kleist: Der zerbrochne Krug, Gerhart Hauptmann: Der Biberpelz, Carl Zuckmayer: Der Hauptmann von Köpenick*
Tragödie (Trauerspiel)	Bühnenstück mit tragischem Inhalt. Darstellung eines Konflikts, der mit dem Untergang des Helden eine Lösung findet. Häufig muss sich der Held zwischen zwei Wertesystemen entscheiden. Oft entsteht die Wirkung durch die tragische Handlung, aber auch durch eine angemessene, pathetische Sprache.	*Gotthold Ephraim Lessing: Emilia Galotti, Friedrich Schiller: Maria Stuart*
Tragikomödie	Schauspiel, das tragische und komische Elemente miteinander verbindet. Komische Motive und Situationen verstärken die Tragik der Gesamthandlung. Verstärkung des Realitätsgehalts, da das Nebeneinander von tragischen und komischen Elementen menschlichen Erfahrungen entspricht.	*Gerhart Hauptmann: Die Ratten, Friedrich Dürrenmatt: Der Besuch der alten Dame*

3 Die Tragödie

Bedeutende Dichter waren:
- *Aischylos (525–456 v. Chr.),*
- *Sophokles (496–406 v. Chr.)*
- *Euripides (485–406 v. Chr.)*

Die Tragödie ist eine frühe Form des europäischen Dramas; sie hatte ihre erste **Blütezeit im klassischen Athen** des 5. Jahrhunderts v. Chr. Es handelte sich dabei ursprünglich um ein kultisches Bühnenspiel **zu Ehren des Gottes Dionysos**, das mehr und mehr politische Züge gewann. Die attische Tragödie, die in einem Freilichttheater aufgeführt wurde, wurde in Stoffauswahl und -gestaltung zum Muster der europäischen Tragödie bis in die heutige Zeit und galt lange Zeit als die höchste Gattung schlechthin.

Der griechische Philosoph Aristoteles (384–322 v. Chr.) schreibt zum Wesen des Dramas: „Die Tragödie ist die Nachahmung einer edlen und abgeschlossenen Handlung von einer bestimmten Größe in gewählter Rede… Die Komödie ist… die Nachahmung von Gemeinerem, aber nicht in bezug auf jede Art von Schlechtigkeit, sondern nur des Lächerlichen…"
(Aristoteles, Poetik)

Nach **Aristoteles** erfüllt die Tragödie eine klar definierte Funktion: Sie muss den Zuschauer läutern, also moralisch bessern. Die Tragödie erzeugt beim Zuschauer die tragischen Affekte **phóbos** (Schauder) und **éleos** (Jammer). Durch das heftige Durchleben dieser Affekte wird der Zuschauer von diesen Affekten gereinigt, woraus eine seelische Stabilisierung resultiert; die **Katharsis** (griech. Reinigung) hat stattgefunden.

Diese reinigende Wirkung tritt beim Zuschauer jedoch nur ein, wenn der Held weder zu positiv noch zu negativ gezeichnet ist. Im ersten Fall würde der Zuschauer großen Schrecken empfinden, würde sich dann aber nach der Katastrophe nicht kathartisch befriedigt fühlen; im zweiten Fall würde er den Sturz des Helden zwar mit Befriedigung zur Kenntnis nehmen, es würde ihn aber nicht vor ihm schaudern. Die Tragödie bewirkt demnach eine ambivalente Reaktion im Zuschauer. Sie lässt ihn um den Helden fürchten und bereitet ihm danach mit dessen Sturz emotionalen Genuss.

Im Sinn der Aufklärung bewertet **Lessing** die Dramentheorie des Aristoteles und ihre Rezeption neu. In den „Briefen, die neueste Literatur betreffend" (1759 ff.) und insbesondere in seinem theoretischen Hauptwerk „Hamburgische Dramaturgie" (1767/68) legt Lessing den Grundstein für eine neue, an Shakespeare orientierte Ausrichtung des deutschen Dramas. Er wendet sich gegen die Ständeklausel, die besagt, dass nur Personen hohen Standes als Hauptfiguren in der Tragödie auftreten dürften. Er interpretiert auch die von Aristoteles gebrauchten Begriffe phóbos und éleos neu:

Gotthold Ephraim Lessing, 1729–1781

„Denn er, Aristoteles, ist es gewiß nicht, der die mit Recht getadelte Einteilung der tragischen Leidenschaften in Mitleid und Schrecken gemacht hat. Man hat ihn falsch verstanden, falsch übersetzt. Er spricht von Mitleid und Furcht, nicht von Mitleid und Schrecken; und seine Furcht ist durchaus nicht die Furcht, welche uns das bevorstehende Übel eines andern, für diesen andern, erweckt, sondern es ist die Furcht, welche aus unserer Ähnlichkeit mit der leidenden Person für uns selbst entspringt; es ist die Furcht, daß die Unglücksfälle, die wir über diese verhängt sehen, uns selbst treffen können; es ist die Furcht, daß wir der bemitleidete Gegenstand selbst werden können. Mit einem Worte: Diese Furcht ist das auf uns selbst bezogene Mitleid."

Standen die Begriffe phóbos und éleos bislang alternativ für Schauder (ob des bevorstehenden Unheils) und Jammer (beim Untergang des Helden), übersetzte sie Lessing nun als Furcht für den Helden und Mitleid mit ihm. Damit – und mit der Ablehnung der Ständeklausel – war der Weg frei für eine Tragödie, in der prinzipiell jeder Mensch zum Protagonisten werden konnte. Erst durch die Identifikationsmöglichkeit mit dem tragischen Helden erfolgt nach Lessing die volle Wirkung der Katharsis. Der Weg war gebahnt für das **„Bürgerliche Trauerspiel"**, das Probleme des häuslich-privaten Bereichs bzw. den Konflikt der Stände zum Gegenstand der Handlung machte. Der Begriff bürgerlich ist dabei jedoch noch nicht im modernen Sinn zu verstehen. Als Protagonisten des bürgerlichen Trauerspieles fungierten sowohl Bürger als auch Adelige, sofern sie dem bürgerlichen Ideal entsprachen und sich tugendhaft verhielten.

G. E. Lessing: „Der mitleidigste Mensch ist zugleich der tugendhafteste Mensch."

Vgl. G. E. Lessings bürgerliche Trauerspiele Miß Sara Sampson (1755) und Emilia Galotti (1772).

Der tragische Konflikt

Die Tragödie zeigt einen Menschen in einer Entscheidungssituation. Aus der Frage: Wie wird sich der Mensch entscheiden, wie wird er sein Schicksal beeinflussen? ergibt sich eine Spannung, auf der die Tragödienhandlung aufbaut. Die Tragödie lebt von der Spannung, die menschlichem Handeln zugrunde liegt. Denn wer etwas unternimmt, wählt immer aus einer kleineren oder größeren Anzahl von Möglichkeiten aus. Grundlage für das Handeln ist also immer auch eine Entscheidung. Ein tragischer Held steht vor einer Entscheidung, die er treffen muss, in der Hoffnung, damit den Konflikt zu lösen. Die **Grenzsituation**, in der er sich befindet, lässt jedoch keine Entscheidung zu, die alles zum Positiven wendet. Hin- und hergerissen zwischen mindestens zwei einander ausschließenden Lösungsmöglichkeiten, muss der tragische Held immer scheitern, auch wenn er sich nach Kräften bemüht, der schicksalhaften Wendung des Geschehens zu entgehen. In der antiken attischen Tragödie scheitert er an der göttlichen Übermacht, im Drama des 19. Jahrhunderts meist an den gesellschaftlichen Rahmenbedingungen. In dieser Situation zeigt der Protagonist seine tragische Größe, in der die grundsätzlichen Möglichkeiten menschlichen Seins und Handelns aufgezeigt werden.

Für einen tragischen Konflikt gibt es verschiedene Auslöser:
- die tragische Schuld der Hauptfigur, die von ihren Vorfahren herrührt,

- die persönliche Schuld, die eine Figur durch ihr eigenes Handeln zu verantworten hat,
- ein schicksalhafter Moment, der in das Leben einer Figur fällt,
- Lügen oder Missverständnisse.

Wichtige Formen der Tragödie

Griechische Tragödie	<ul><li>tragischer Konflikt in der irdischen, von göttlichem Willen durchwirkten Welt</li><li>gehobene Verssprache</li><li>Personen von hohem Stand</li><li>keine Vermischung mit komischen Elementen</li></ul>	z. B. Aischylos: *Die Orestie*, Sophokles: *Antigone*, *König Ödipus*, Euripides: *Medea*
Klassische Tragödie	<ul><li>die griechische Tragödie als Vorbild</li><li>gehobene Verssprache</li><li>nur adelige Protagonisten</li><li>Einhaltung der drei Einheiten: Zeit, Ort und Handlung</li><li>keine Vermischung mit komischen Elementen</li></ul>	z. B. Gottsched: *Sterbender Cato* (1732), Schiller: *Die Braut von Messina* (1803)
Historisches Ideendrama	<ul><li>Darstellung des tragischen Konflikts an einem geschichtlichen Stoff</li><li>meist gehobene Verssprache</li><li>meist adlige Protagonisten</li></ul>	z. B. Schiller: *Don Carlos* (1787), *Maria Stuart* (1801)
Gemischte Tragödie	<ul><li>Vermischung von tragischen und komischen Elementen</li><li>Vers- und Prosasprache</li><li>Ablehnung der drei Einheiten</li><li>Personal aus hohen und niedrigen Ständen</li></ul>	z. B. Goethe: *Götz von Berlichingen* (1773), Büchner: *Dantons Tod* (1835)
Bürgerliches Trauerspiel	<ul><li>Verlagerung der tragischen Handlung in die Welt des Bürgertums</li><li>meist in Prosa</li><li>Protagonisten aus dem Bürgertum</li><li>keine Vermischung mit komischen Elementen</li></ul>	z. B. Lessing: *Emilia Galotti* (1772), Hebbel: *Maria Magdalena* (1844)
Soziales Drama	<ul><li>Entlarvung der Scheinheiligkeit der bürgerlichen Welt</li><li>in Prosaform</li><li>Protagonisten aus dem Groß- oder Kleinbürgertum</li><li>keine Vermischung mit komischen Elementen</li></ul>	z. B. Büchner: *Woyzeck* (1836), Hauptmann: *Vor Sonnenaufgang* (1889), Kroetz: *Oberösterreich* (1972)

Die Komödie

Auch die Komödie hat ihren Ursprung im antiken Athen und war Teil des **Dionysos-Kultes**. Doch anders als die Tragödie wurden in der Komödie aktuelle politische Probleme überzeichnet dargestellt und Politiker und Intellektuelle verspottet. Auch Götter, die menschliche Züge trugen, wurden auf der Bühne dargestellt.

Der bedeutendste Dichter war Aristophanes (um 445 – ca. 385 v. Chr.).

In den deutschen Komödien stand das Verlachen der Mitmenschen ebenfalls im Vordergrund. **Andreas Gryphius** hielt sich mit seinem „Schimpfspiel" „Herr Peter Squentz" (1657) noch an die so genannte Ständeklausel, die Martin Opitz und Johann Christoph Gottsched in ihren Poetiken noch aufrecht erhielten. Sie besagt, dass in der Komödie einfache Bürger und ihre Verhaltensweisen zum Gespött gemacht werden sollten.

Die Ständeklausel wurde seit dem Humanismus aus der Poetik des Aristoteles abgeleitet.

Erst in der Aufklärung erfuhr die Komödie eine Aufwertung. Die **Sächsische Komödie** hatte ihre Blütezeit in der ersten Hälfte des 18. Jahrhunderts und wurde vor allem von Vertretern der Gottsched-Schule gepflegt. Ziel dieses Komödientypus war es, die Gattung aufzuwerten und für eine Erziehung des Bürgertums zu tugendhaftem Verhalten nutzbar zu machen. Das **rührende Lustspiel** Christian Fürchtegott **Gellerts** wollte die Zuschauer nicht durch das Verlachen des Protagonisten, sondern durch die Darstellung einer nachahmenswerten Handlung bessern.

z. B. L. A. V. Gottsched: Die Pietisterey im Fischbein-Rocke (1736), J. E. Schlegel: Die stumme Schönheit (1747)

z. B. Chr. F. Gellert: Die zärtlichen Schwestern (1747)

Den Höhepunkt der Aufklärungskomödie bildet **Lessings** Lustspiel „Minna von Barnhelm" (1767). Lessing stellt darin mit Wortwitz und Situationskomik einen Geschlechterkonflikt zwischen Minna und dem preußischen Offizier von Tellheim dar. Am Ende der Komödie erkennt Tellheim, dass er seine zukünftige Gattin in seine privaten Entscheidungen hätte einbeziehen müssen – die Komödie trägt also (ganz im Sinn der Aufklärung) **emanzipatorische Züge**.

Eine Neubewertung der Komödie erfolgte im 20. Jahrhundert durch **Friedrich Dürrenmatt**. In seinem Vortrag „Theaterprobleme" (1954) begründet Dürrenmatt seine Affinität zur Komödie so:

> Die Tragödie setzt Schuld, Not, Maß, Übersicht, Verantwortung voraus. In der Wurstelei unseres Jahrhunderts, in diesem Kehraus der weißen Rasse, gibt es keine Schuldigen und auch keine Verantwortlichen mehr. Alle können nichts dafür und haben es nicht gewollt … Uns kommt nur noch die Komödie bei …

Friedrich Dürrenmatt, 1921 – 1990

3   *Z. B. F. Dürrenmatt: Der Besuch der alten Dame, Die Physiker*

Dürrenmatt bedient sich in seinen Theaterstücken bevorzugt des Stilmittels der **Verfremdung** und **tragisch-grotesker Elemente**; so gelang ihm ein eigener Typus der Tragikomödie, seiner Ansicht nach „die einzig mögliche dramatische Form, heute das Tragische auszusagen".

Wichtige Formen der Komödie

Barockkomödie	<ul><li>Handlung in der Welt des unteren Bürgertums</li><li>meist in Versen</li><li>Protagonisten aus dem Bürgertum</li><li>keine Vermischung mit tragischen Elementen</li><li>Ziel: Verlachen der unteren Bevölkerungsschichten</li></ul>	z. B. A. Gryphius: *Herr Peter Squentz* (1657)
Komödie der Aufklärung	<ul><li>Handlung in der Welt des Bürgertums</li><li>meist in Versen</li><li>Protagonisten aus dem Bürgertum</li><li>keine Vermischung mit tragischen Elementen</li><li>Ziel: moralische Besserung des Bürgertums durch Erkennen der eigenen Schwächen</li></ul>	z. B. L. A. V. Gottsched: *Die Pietisterey im Fischbein-Rocke* (1736), Chr. F. Gellert: *Die zärtlichen Schwestern* (1747), G. E. Lessing: *Minna von Barnhelm* (1767)
Komödie des 20. Jahrhunderts	<ul><li>Handlung in der Welt des Bürgertums</li><li>in Prosa</li><li>Protagonisten aus dem Bürgertum</li><li>Vermischung mit tragischen Elementen</li><li>Ziel: Erkenntnis (und Beseitigung) von gesellschaftlichen und politischen Unstimmigkeiten</li></ul>	z. B. F. Dürrenmatt: *Der Besuch der alten Dame* (1956), *Die Physiker* (1962), M. Walser: *Eiche und Angora* (1962)

Anordnung des Stoffes in Tragödie und Komödie

Da Dramen eine vielschichtige Handlung zeigen, muss diese untergliedert sein. Üblicherweise teilen die Autoren ihre Stoffe deshalb in Akte, Szenen oder Bilder ein.

Begriff	Bedeutung	Vorkommen
Akt (Aufzug)	ein in sich abgeschlossener, größerer Handlungsabschnitt, der seit dem 17. Jahrhundert durch das Zu- und Aufziehen des Vorhangs markiert wird	im traditionellen Drama
Szene (Auftritt)	im mehraktigen, traditionellen Drama Untereinheit des Aktes, die durch das Auf- bzw. Abtreten von Figuren markiert wird; im modernen Drama oft gleichbedeutend mit „Bild" verwendet	im traditionellen und modernen Drama
Bild	Handlungseinheit im modernen Drama	im modernen Drama

Darbietung des Stoffes im traditionellen Drama

Die Dichter orientierten sich bis zum 18. Jahrhundert an der Poetik des Aristoteles, die die **Einheit von Zeit, Ort und Handlung** im Drama festschrieb. Aristoteles ging bei seinen Überlegungen von der Praxis des antiken griechischen Theaters aus. Die Darbietung durfte eine gewisse Zeit, nämlich einen Tag – von Sonnenaufgang bis Sonnenuntergang – nicht überschreiten, da sie sonst nicht mehr darstellbar gewesen wäre. Auch die anderen Festlegungen orientieren sich an den herrschenden Voraussetzungen. Das Drama musste an einem Ort spielen, da ein Schauplatzwechsel im griechischen Theater nicht möglich war. Die Einheitlichkeit der Handlung ergibt sich daraus. Wenn sich die Zuschauer in diesem begrenzten zeitlichen Rahmen an einem Ort auf ein Drama konzentrieren sollten, durfte dieses in seiner Handlung nicht auf Nebenhandlungen ausschweifen, vielmehr musste die Haupthandlung zu Ende gebracht werden.

Das traditionelle, aristotelische Drama ist in **Akte** und **Szenen** gegliedert. Akte (auch Aufzüge genannt) sind größere Handlungsabschnitte, die in sich abgeschlossen sind. Der Wechsel von einem Akt zu einem anderen ist meist mit einem Schauplatzwechsel

Die Humanisten machten zu Beginn der Neuzeit aus den Ausführungen des Aristoteles eine normative Poetik, die bis ins 18. Jahrhundert Geltung besaß.

Mit der Abwendung von der französischen Klassik und Aristoteles als ihrem Lehrmeister und der Hinwendung zu Shakespeare wurde in der Aufklärung und im Sturm und Drang die Forderung nach den drei Einheiten aufgegeben bzw. abgelehnt.

Dramen, die eine strenge Bauform besitzen, sind jedoch immer noch nach Aristoteles benannt.

verbunden. Dramen der aristotelischen Bauform sind in fünf, manchmal in drei Akte eingeteilt. Man nennt sie nach ihrer Bauform **geschlossene Dramen**. Die streng **symmetrische Bauform** ist Ausdruck eines **geschlossenen Weltbildes**.

Ausgehend von Schillers Maria Stuart, die dem aristotelischen Schema sehr nahe kommt, entwickelte der Literaturwissenschaftler und Dichter Gustav Freytag am Ende des 19. Jahrhunderts folgendes Modell, das für viele deutsche Dramen des 17. bis 19. Jahrhunderts Gültigkeit besitzt:

Freitags-Pyramide

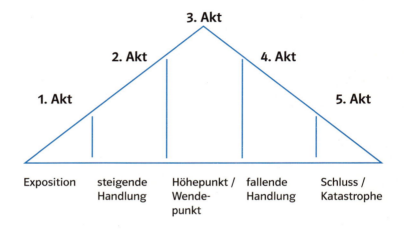

Den einzelnen Akten des aristotelischen Dramas ist eine jeweils spezifische Funktion zugeordnet. Folgendes Schaubild kann das veranschaulichen:

In vielen Dramen findet man den so genannten Eröffnungsdreischritt:
– dramatischer Auftakt
– eigentliche Exposition
– erregendes Moment

Der Moment der Entscheidung wird als Krisis bezeichnet.

1. Akt	Exposition	Einführung in die Verhältnisse und Zustände, aus denen der dramatische Konflikt entspringt. Die Exposition macht die Zuschauer mit der Vorgeschichte der Bühnenhandlung, mit Ort und Zeit der Handlung und mit den Hauptfiguren bekannt.
2. Akt	steigende Handlung	Entwicklung des Konflikts bis zum Höhepunkt.
3. Akt	Höhe- bzw. Wendepunkt	Hier kommt es zur vollen Entfaltung des Konflikts. Oft ist der Höhepunkt zugleich der Wendepunkt (auch Peripetie genannt), an dem das Geschehen eine ganz unvorhergesehene Richtung nimmt.

4. Akt	fallende Handlung	Führt scheinbar unmittelbar zum Schluss hin. Meist wird das schnelle Ende aber durch das so genannte retardierende Moment verzögert, was noch einmal Spannung in die Dramenhandlung bringt.
5. Akt	Schluss: Happyend bzw. Katastrophe	Bringt die Lösung der dramatischen Handlung. In der Komödie handelt es sich dabei um ein glückliches Ende, in der Tragödie um die Katastrophe.

Katastrophe, griech.: Absturz

Analytisches Drama und Zieldrama

Bei Dramen der traditionellen Form ist die Unterscheidung in Zieldrama und analytisches Drama üblich. Die beiden Dramenformen unterscheiden sich grundlegend durch die Darstellungsabsicht und Darstellungsweise.

Das entscheidende Ereignis für das dramatische Geschehen auf der Bühne liegt beim **analytischen Drama** in der Vorgeschichte. Auf der Bühne werden nur die letzten Auswirkungen, die Zuspitzung und womöglich die Aufklärung einer Handlung gezeigt, die sich vor dem Einsetzen des Bühnengeschehens ereignet hat.
Beispiele für das analytische Drama:
- Sophokles, König Ödipus (429 v. Chr.)
- Kleist, Der zerbrochne Krug (1803/08)
- Schiller, Die Braut von Messina (1802/03)

Andere Bezeichnungen: Enthüllungsdrama, Entdeckungsdrama

Beim **Zieldrama** richtet sich die dramatische Handlung auf ein Geschehen oder Ereignis aus, das vom Zeitpunkt des Beginns der Bühnenhandlung her gesehen in der Zukunft liegt. Die Bühnenhandlung läuft geradlinig auf die Katastrophe am Ende zu.
Beispiele für das Zieldrama:
- Lessing, Emilia Galotti (1772)
- Schiller, Maria Stuart (1800)
- Hauptmann, Vor Sonnenaufgang (1889)

Andere Bezeichnungen: Entfaltungsdrama, Konfliktdrama, Entscheidungsdrama, synthetisches Drama

Darbietung des Stoffes im offenen Drama

Jedes Drama, das nicht dem Typus des geschlossenen Dramas entspricht, wird dem **offenen Drama** zugerechnet. Das deutlichste Kennzeichen des offenen Dramas ist die lockere, episodische Anordnung von Einzelszenen, die ausdrückt, dass das Geschehen (scheinbar) nicht konstruiert ist und nicht in planvoller Folge abläuft. Vielmehr erfordert es die innere Logik der Handlung, dass sie

Georg Büchners Drama Woyzeck entspricht dem Schema des offenen Dramas.

so und nicht anders verläuft. Handlungssprünge sind deshalb kein Missgeschick des Autors, sondern sie ergeben sich daraus, dass nur wesentliche Stationen der Handlung gezeigt werden müssen, um die Zusammenhänge zu verstehen. Dieser Darstellungsform wohnt eine gewisse Beliebigkeit inne, die aber nur scheinbar ist, da die Grundkonstellation des Dramas, z. B. die soziale Situation der Figuren, ihre Charakteranlagen oder das Weltbild, auf dem das Stück aufbaut, gar keinen anderen als den gezeigten Verlauf zulässt.

Folgende Darstellung der mehrsträngig aneinander gereihten Einzelszenen oder Bilder verdeutlicht die Bauform des offenen Dramas:

Vergleich: Geschlossenes und offenes Drama

	Geschlossenes Drama	**Offenes Drama**
Handlung	einheitliche, in sich geschlossene **Haupthandlung**, wobei alle Ereignisse miteinander verknüpft sind und auf ein Ziel hinführen, meist Einsträngigkeit der Handlung, kausallogische Verknüpfungen, Folgerichtigkeit	Mehrsträngigkeit **gleichgewichtiger Handlungen**, lockere Struktur der Einzelszenen, relative Autonomie einzelner Episoden, Zusammenhalt über Leitmotive oder Figuren
Anfang – Schluss	**klarer Anfang** durch Eintreten einer Konfliktsituation, eindeutige **Lösung am Schluss**	**plötzlicher Beginn**, meist **offener Schluss**
Zeit	geringe **Zeitstreckung** der Handlung, keine Zeitsprünge	die Handlung umspannt **große Zeiträume**, Zeitsprünge zwischen den einzelnen Szenen sind möglich
Handlungsort	Beschränkung auf **wenige Schauplätze**	**Vielzahl von Handlungsorten**, Orte charakterisieren und bestimmen das Verhalten der Figuren

Figuren	meist nur **wenig Figuren** hohen Standes, die in einem klaren Verhältnis zueinander stehen, scheinbar unabhängig von Physis und Milieu, die Figuren bestimmen den Verlauf der Handlung	**Vielzahl von Figuren**, die die Gesellschaft als Ganzes repräsentieren, abhängig von Milieu und psychischer Befindlichkeit, fehlende Autonomie
Held	autonomer, **mündiger Held**, der das Geschehen durch sein Handeln lenkt	**passiver Held**, Antiheld, der von seinem sozialen Umfeld bestimmt wird
Sprache	**Kunstsprache**, oft Verssprache, einheitliche Sprachebene, oft Hypotaxen, Sentenzen, Bilder, Metaphern, Mitteilungsfunktion der Sprache, Dialoge und Rededuelle (Stichomythie) treiben die Handlung voran	individuelle, **realistische Sprache**, Mischung der Stilebenen, häufig Parataxen, Anakoluth und Ellipse als Stilmittel, Expressionsfunktion der Sprache, Sprachlosigkeit als Ausdruck der Hilflosigkeit der Figuren
philosophischer Hintergrund	**klar strukturiertes Weltbild**, dessen Idee in seiner ganzen Totalität vermittelt werden soll	**Komplexität** der empirischen Realität ist nicht darstellbar, deshalb: Offenheit, Fragmentcharakter

Das Drama im 20. Jahrhundert

Das 20. Jahrhundert hat so vielfältige dramatische Formen hervorgebracht, dass der Begriff „offene Form" nur eine vage Beschreibung und allenfalls in der Abgrenzung zum traditionellen Drama aussagekräftig sein kann.

Episches Theater

Zu den Neuerungen des 20. Jahrhunderts gehört das epische Theater. Es steht für eine besondere Form des modernen Dramas, die Bertolt Brecht im Gegensatz zum klassisch-aristotelischen Drama theoretisch begründet und auf der Bühne erprobt hat.

Ziel ist die **Veränderung der Gesellschaft** im marxistischen Sinn, wozu Brecht das Mitfühlen und Mitleiden des Zuschauers mit den Bühnenfiguren und ihrem Schicksal durch eine kritische Distanz zur Bühnenhandlung ersetzen will. Die von Brecht verwendeten Mittel sind:

z. B. Bertolt Brecht: Dreigroschenoper (1928), Die heilige Johanna der Schlachthöfe (1931), Furcht und Elend des Dritten Reiches (1935/38), Leben des Galilei (1938), Mutter Courage und ihre Kinder (1939), Der gute Mensch von Sezuan (1941), Der kaukasische Kreidekreis (1954)

3 *Dramen in der Nachfolge Brechts:*
Heiner Müller: Der Lohndrücker, Germania Tod in Berlin,
Peter Weiss: Die Verfolgung und Ermordung des Jean Paul Marat…,
Max Frisch: Biedermann und die Brandstifter, Andorra,
Friedrich Dürrenmatt: Romulus der Große

- **Verfremdungseffekt** (V-Effekt): Dem Zuschauer wird Alltägliches wie Fremdes, Unbekanntes präsentiert, wodurch er zu den Figuren und zum Geschehen auf der Bühne eine kritische Distanz einnehmen soll, die ihn die Notwendigkeit zur Veränderung erkennen lassen. Brecht definiert den Verfremdungseffekt selbst so: „Einen Vorgang oder einen Charakter verfremden heißt zunächst einfach, dem Vorgang oder dem Charakter das Selbstverständliche, Bekannte, Einleuchtende zu nehmen und über ihn Staunen und Neugierde zu erzeugen." *(B. Brecht: Das Prinzip der Verfremdung. In: Schriften zum Theater I)*
- **Montagetechnik**, also kritisch-kommentierende Einschübe eines Erzählers, Prolog, Epilog, Einfügung von Songs, Kinderliedern und Bibelzitaten, Verwendung von Spruchbändern, Projektionen und Lichteffekten.

Folgende Gegenüberstellung zeigt den grundsätzlichen Unterschied des traditionellen, an der Lehre des Aristoteles orientierten Dramas, wie es bis ins 18. Jahrhundert als verbindlich galt, und dem von Brecht neu geschaffenen epischen Theater:

Traditionelles, aristotelisches Drama	**Episches Theater**
• verwickelt den Zuschauer in die Handlung • erregt seine Gefühle • ermöglicht ihm Erlebnisse • lässt ihn mit den Figuren Furcht und Mitleid empfinden	• macht den Zuschauer zum Beobachter • weckt seine Aktivität • vermittelt ihm Kenntnisse • verlangt von ihm Entscheidungen

Dokumentartheater

Rolf Hochhuth: Der Stellvertreter

Heinar Kipphardt: In der Sache J. Robert Oppenheimer

Das dokumentarische Theater kam in den 60er Jahren des 20. Jahrhunderts als Gegenbewegung zu Brechts epischem Theater, das man für wirkungslos hielt, auf. Es entstanden Stücke, die auf historischen oder juristischen **Quellen** basieren, die vom Autor arrangiert wurden. So thematisiert Rolf Hochhuth in seinem Stück „Der Stellvertreter" (1963) das Schweigen Papst Pius XII. zur Judenvernichtung durch die Nationalsozialisten; Heinar Kipphardt brachte die Vernehmung des Atomphysikers Oppenheimer auf die Bühne („In der Sache J. Robert Oppenheimer", 1964), die auf Verhandlungsprotokollen des amerikanischen Sicherheitsausschusses basiert. Das dokumentarische Drama ist ein **politisches Theater**; es ist scheinbar realitätsnah, da es auf authentischen Quellen basiert. Die künstlerische Leistung der Autoren besteht in der **Auswahl und Anordnung des Materials**, das dadurch ein eigenes Gewicht bekommt und Situationen zugespitzt darstellt.

Theater des Absurden

Absurdes Theater (von lat. *absurdus*: misstönend) ist ein Theater des Unheimlichen. Es zeigt unsere Alltagswelt in erschreckenden Formen verzerrt. Da nicht die Stücke selbst absurd sind, sondern sie die Welt als absurd zeigen, spricht man besser vom „Theater des Absurden". Im Theater des Absurden nehmen die Personen die Außenwelt nur noch durch die Brille ihrer Ängste, Zwangsvorstellungen und Wahnbilder wahr. Sie selbst sind nur **Marionetten**; eine äußere Handlung, die auf dem freien Willen der Figuren basiert, gibt es nicht, eine echte Kommunikation ist nicht möglich. Die Figuren sind in vorgefertigten Sprachmustern gefangen, die sie reproduzieren, sie verlieren sich in einer Häufung von Gemeinplätzen, Halbwahrheiten, Klischees und Stereotypen. Ihre Sprache ist Ausdruck ihrer **Entfremdung in einer sinnentleerten Welt**, die von Kälte, Endzeit- und Untergangsstimmung beherrscht ist.

„Das absurde Theater ist eine Parabel über die Fremdheit des Menschen in der Welt" (Wolfgang Hildesheimer).

Samuel Beckett: Warten auf Godot

Eugene Ionesco: Die Nashörner

Sprechstücke

Sprechstücke zählen zum experimentellen Theater und sind eine moderne dramatische Form. Ihre Hauptvertreter im deutschsprachigen Raum sind Ernst Jandl und Peter Handke. Handke versteht das Sprechtheater als Gegenentwurf zum bestehenden Theaterbetrieb, insofern es nicht nur den Illusionscharakter des Theaters auflösen will, sondern diesen ganz verweigert. Nach Handkes eigener Definition gibt das Sprechtheater kein Bild von der Welt wieder. Dies stimmt in Bezug auf die fehlende äußere Handlung der Stücke; nichtsdestotrotz schafft das Sprechtheater ein Abbild der Welt, wie es sich aus der Sprache ergibt. Monologe und Dialoge werden parodistisch verwendet und analysieren die üblichen Kommunikationsmuster; damit zeigt sich der scheinkommunikative Charakter, der nach Ansicht der Autoren jeder Kommunikation innewohnt. Dem Sprechtheater liegt damit eine **sprach- und gesellschaftskritische Intention** zu Grunde.

Ernst Jandl: In der Fremde

Peter Handke: Publikumsbeschimpfung

Zeichenvielfalt des Dramas

Eines haben alle Theaterstücke gemeinsam, egal ob sie dem aristotelischen Drama oder dem Drama der offenen Form zugerechnet werden oder ob es sich um episches, dokumentarisches oder absurdes Theater handelt: Das Drama ist eine Gattung, die ihre Wirkung beim Zuschauer nicht nur durch sprachliche, sondern auch durch nonverbale Mittel erzielt, wie folgendes Schaubild zeigt:

3

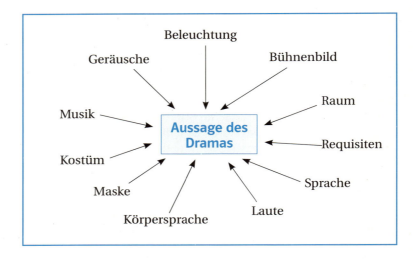

Weil im Drama viele Einzelelemente zusammenwirken und sich erst aus diesem Zusammenspiel die Aussage eines Stücks ergibt, spricht man von der Zeichenvielfalt oder **Plurimedialität** des Dramas.

3.2 Figuren und Personal

Griechische Maske

Um ein Schauspiel auf der Bühne darstellen zu können, bedarf es der Schauspieler. Diese schlüpfen in eine Rolle und erwecken die Handlung des Spieltextes zum Leben.

Figur – Person – Rolle

Jeder Autor, der ein Drama schreibt, erschafft Figuren, die als Handlungsträger in diesem Drama wirken. Die Eigenarten dieser Figuren sind im Spieltext angelegt: Geschlecht, Alter, auch Denk- und Handlungsweise sind weitgehend festgelegt. Zudem ergeben sich aus der Situation des Dramas Hinweise auf das Äußere, wie Kleidung, Haarschnitt, Requisiten, die die Figur mit sich führt usw. All das macht die Figur eines Stücks aus. Doch gibt es dabei auch gewisse Freiheiten, die Schauspieler und Regisseure nützen können, um die Figur, die vom Autor geschaffen wurde, zum Leben zu erwecken.

Ein Beispiel: Goethes Faust ist ein Wissenschaftler, der nach eigenen Aussagen viel gelernt, akademische Würden erlangt und schon eigene Schüler hat:

„Habe nun, ach! Philosophie,
Juristerei und Medizin,
Und leider auch Theologie
Durchaus studiert, mit heißem Bemühn.
Da steh' ich nun, ich armer Tor,
Und bin so klug als wie zuvor!
Heiße Magister, heiße Doktor gar,
Und ziehe schon an die zehen Jahr'
Herauf, herab und quer und krumm
Meine Schüler an der Nase herum –"

Will Quadflieg als Faust

Über das Alter Fausts ist hier nichts ausgesagt. Wie alt mag der Mann sein, der sich in das junge, unerfahrene Gretchen verliebt und diese in seinen Bann zieht? Diese Frage für ihre Inszenierung zu klären, ist Aufgabe der Schauspieler und Regisseure; sie entscheiden, ob die Figur Faust als ein vierzigjähriger oder ein siebzigjähriger Mann auf die Bühne kommen soll.

Innerhalb der Bühnenhandlung tritt Faust als Person auf: Er nimmt den Pudel mit ins Haus, spricht mit Wagner, versucht am Ende Gretchen zu retten.

Diese Person spielt innerhalb des Stücks aber verschiedene Rollen: Zu Anfang des Stücks erweist sich Faust als erkenntnishungriger Wissenschaftler, der für seine Zwecke auch nicht davor zurückschreckt, Magie und übersinnliche Kräfte zu bemühen. Gretchen erlebt ihn als Freund und Liebhaber, Wagner als Lehrer.

Bruno Ganz als Faust

Figur	Die vom Autor erfundene Gestalt eines Dramas
Person	Innerhalb des Schauspiels agiert die Figur als menschliches Wesen, als Person.
Rolle	Funktion der Person innerhalb des Dramas

Charakter oder Typ?

Für den Handlungsverlauf in einem Drama sind nicht alle Figuren gleich wichtig. Manche Figuren tragen die Handlung, andere kommen nur am Rande, in bestimmten Situationen vor. Nach dem Grad ihrer Wichtigkeit nennt man sie Haupt- oder Nebenfiguren. Hauptfiguren können die Helden eines Dramas (**Protagonisten**) sein, aber auch ihre Gegenspieler (**Antagonisten**). Beide sind für den Fortgang der Handlung von entscheidender Wichtigkeit und müssen deshalb dem Zuschauer vertraut sein. Dazu sind sie vom

Beispiele für Charaktere: Iphigenie (aus Goethes Schauspiel Iphigenie auf Tauris), Maria Stuart (aus Schillers gleichnamigem Drama), Brechts Galileo Galilei

Autor mit charakteristischen, individuellen Merkmalen ausgestattet; man nennt sie deshalb **Charaktere**. Sie
- tragen unverwechselbare Namen,
- tragen die Handlung des Dramas,
- haben eine unverwechselbare Lebensgeschichte, ein individuelles Schicksal,
- sprechen oft eine individuelle Sprache,
- zeigen individuelle Eigenschaften und Eigenheiten,
- sind oft auch äußerlich charakterisiert (Alter, Größe, Haarfarbe, soziale Stellung, Beruf, Auftreten, Kleidung usw.) und sie
- treten oft als Titelfiguren von Dramen auf.

Nebenfiguren erfüllen nur eine bestimmte Funktion im Stück. Sie sind nicht wegen ihres Charakters wichtig, sondern weil sie in bestimmten Situationen die Handlung vorantreiben, hemmen oder in eine andere Richtung lenken. Sie sind auf diese Funktion reduziert, man nennt sie deshalb funktionale Figuren oder **Typen**. Besonders in Komödien bedienen sich die Autoren der Typen, die oft menschliche Schwächen verkörpern. Typen

Beispiele für Typen: Der Wirt, eine Dame in Trauer, ein Feldjäger (aus Gotthold Ephraim Lessings Komödie Minna von Barnhelm), der Doktor, der Hauptmann, der Tambourmajor (aus Georg Büchners Woyzeck) und der Soldat, der Wirt, der Doktor (aus Max Frischs Schauspiel Andorra).

Häufig ist auch von einem Verhaltenstyp die Rede, wie er in der Komödie vorkommt: der Geizige, der Hypochonder usw.

- tragen oft keine, jedenfalls keine aussagekräftigen Namen,
- sie stehen nicht im Zentrum der Handlung, erfüllen nur eine Funktion,
- haben keine erwähnenswerte Lebensgeschichte, kein individuelles Schicksal,
- sprechen keine individuelle Sprache,
- zeigen keine individuellen Eigenschaften und Eigenheiten und
- sind äußerlich nur insoweit charakterisiert, wie es ihrem Typus entspricht (die böse Alte ist alt, der eingebildete Kranke unfähig das Haus zu verlassen usw.).

Charakterisierung von Figuren

Brecht lehnt die idealistische Einheit des Charakters ab; er versucht in seinen Stücken zu zeigen, dass das Verhalten situationsbedingt und damit von äußeren (gesellschaftlichen) Einflüssen abhängig ist.

Damit die Figuren (nicht die Typen) auf der Bühne (oder im Lesetext) an Leben gewinnen, müssen sie möglichst unverwechselbar und authentisch dargestellt werden. Die Autoren statten sie deshalb mit einer Reihe von für sie typischen Eigenheiten aus, die folgenden Bereichen zugeordnet werden können:
- **äußere Merkmale** (z. B. Geschlecht, Alter, Größe, Körperbau, Haarfarbe, Kleidung),
- **innere Merkmale** (z. B. Denkweise, Einstellung, Eigenschaften) und
- **soziale Merkmale** (z. B. Zugehörigkeit zu einer Gesellschaftsschicht, einem Stand, einer sozialen Gruppe).

Figuren werden aber nicht nur durch den Autor charakterisiert. Auch andere Figuren eines Schauspiels und die betreffenden Figuren selbst tragen zur Charakterisierung bei.

Folgendes Schaubild verdeutlicht, wodurch die Personen charakterisiert werden können:

Auktoriale Charakterisierung (durch den Autor)	Figurale Charakterisierung (durch die Figuren)
• Explizite Charakterisierung der Figuren: Beschreibung der Figur im Nebentext, sprechende Namen • Charakterisierung durch nonverbale Mittel: Aussehen, Statur, Mimik, Gestik, Maske, Kostüm, Requisiten, Verhalten, Schauplatz • Charakterisierung durch sprachliche Mittel: Sprachstil, Sprachniveau (z. B. Umgangssprache, Dialekt, Soziolekt)	• Selbstcharakterisierung: durch eigene Beschreibung, durch Aussagen und Verhalten in Monologen und Dialogen • Charakterisierung durch andere Figuren: in Monologen oder Dialogen, in Anwesenheit oder bei Abwesenheit der Figur, vor, während oder nach dem Auftritt der Figur

Man kann auch unterscheiden zwischen direkter und indirekter Charakterisierung:

Direkte Charakterisierung	Der Autor äußert sich zu einer Figur, z. B. in Rollenanweisungen. Die Figur oder andere Figuren äußern sich beschreibend und urteilend.
Indirekte Charakterisierung	Eine Figur charakterisiert sich durch ihre Sprache oder ihre Handlungsweise. Der Autor charakterisiert eine Figur, indem er ihr einen sprechenden Namen gibt oder Kontrastfiguren auftreten lässt.

Figurenkonzeption

Der Autor eines Schauspiels kann die Figuren des Stücks unterschiedlich konzipieren. Bei der Untersuchung der Figurenkonzeption geht es darum herauszufinden, wie diese angelegt sind, wie der Autor sie ausgeformt hat, wie klar sie strukturiert sind und welche Entwicklung sie nehmen.

Dabei stellen sich folgende Fragen:
- Ist die Figur **statisch** oder **dynamisch** angelegt? Verändert sie sich oder bleibt sie in ihrem Charakter und Verhalten gleich?
- Handelt es sich um eine **komplex** konzipierte Figur oder ist sie eher **eindimensional** angelegt? Ist die Figur mit zahlreichen Merkmalen ausgestattet (gilt sie also als Charakter?) oder zeigt sie nur wenig Merkmale (handelt es sich um einen Typus?).
- Handelt es sich um eine **offen** oder um eine **geschlossen** angelegte Figur? Ist ihr Charakter also mehrdeutig und rätselhaft oder ist das Wesen der Figur leicht durchschaubar?
- Handelt die Figur als Vernunftwesen und ist sie sich ihres Tuns stets voll bewusst oder zeigt sie eine eingeschränkte Perspektive, die psychologisch plausibel wird? In diesem Fall spricht man von einer **rationalen** bzw. einer **psychologischen** Konzeption.
- Ist das Kennzeichen der Figur(en) der **Identitätsverlust**? Spaltet sich eine Figur in verschiedene auf oder vereinigen sich mehrere Figuren zu einer einzigen?

Figurenkonstellation

Da die Figuren eines Dramas selten allein auf der Bühne stehen (das ist allenfalls in einem Ein-Personen-Stück wie Patrick Süskinds „Der Kontrabaß" der Fall), sollte man untersuchen, in welchem Verhältnis sie zu den anderen Figuren stehen. Die vielfältigen Beziehungen, die sich dabei ergeben, nennt man **Personenkonstellation**. Diese lässt sich quantitativ oder qualitativ bestimmen:

Quantitative Analyse	Wie viele Figuren kommen im Drama vor? Wie bemisst sich der Gesprächsanteil der einzelnen Figuren im Drama?
Qualitative Analyse	Nach welchen Merkmalen sind die Figuren einander zugeordnet? Z. B. • Geschlechtszugehörigkeit • Generationszugehörigkeit • Zugehörigkeit zu einer bestimmten Gesellschaftsschicht • Zugehörigkeit zu einer bestimmten Berufsgruppe • Wertorientierungen In welcher Beziehung stehen die Figuren zueinander? Gedacht ist z. B. an • Familienbeziehung • Eltern-Kind-Beziehung • Liebesbeziehung • Geschäftsbeziehung • gemeinsame Interessen

Figurenkonfiguration

Betrachtet man die Figuren unter dem Gesichtspunkt des gemeinsamen Auftretens auf der Bühne, spricht man von **Personenkonfiguration**. Ändert sich die Konfiguration, hat man es meist mit einer neuen Szene bzw. im modernen Drama mit einem neuen Bild zu tun.

Die Konfiguration sagt viel über die Kommunikation im Drama aus. Figuren, die nie auf der Bühne aufeinander treffen, haben sich entweder nichts zu sagen (z. B. weil es sich um Nebenfiguren handelt, die untereinander gar nicht in Kommunikation treten sollen) oder sie werden vom Autor bewusst auseinander gehalten. Schiller gelingt es, den Höhepunkt seines Dramas „Maria Stuart" spannend zu gestalten, indem er erst im dritten Akt die erste Begegnung zwischen Maria und Elisabeth arrangiert.

Nur in wenigen Stücken findet man eine unveränderte Konfiguration vor. Häufiger sind wechselnde Konfigurationen mit temposteigernder Wirkung.

3.3 Sprache und Stil

Das Drama lebt – wie jede Literatur – von der Sprache. Zwar ergänzen Darstellungselemente wie Mimik, Gestik, Bühnenbild, Requisiten und Musik die Sprache bei Aufführungen, die Texte, auf denen die Aufführungen basieren, kommen jedoch auch ohne diese Gestaltungsmerkmale aus.

Haupttext und Nebentext

Der Text eines Dramas besteht aus verschiedenen Textschichten. Was die Figuren untereinander sprechen oder was sie zum Publikum sagen, ist besonders wichtig; man bezeichnet diese Textpassagen deshalb als **Haupttext**.

In der Druckfassung eines Dramas findet sich immer auch Text, der nicht auf der Bühne gesprochen werden soll: Dieser **Nebentext**, auch **Regieanweisungen** genannt, soll Regisseuren und Schauspielern jedoch Hinweise darauf geben, wie der Text gesprochen werden soll, welche Mimik oder Gestik der Autor für bestimmte Spielsituationen vorgesehen oder welche Angaben zur Ausstattung der Bühne und zur Anordnung der Requisiten er gemacht hat. Beispiel aus Friedrich Dürrenmatts Die Physiker:

> Ort: Salon einer bequemen, wenn auch etwas verlotterten Villa des privaten Sanatoriums ‚Les Cerisiers'.
> Nähere Umgebung: Zuerst natürliches, dann verbautes Seeufer, später eine mittlere, beinahe kleine Stadt.

Das einst schmucke Nest mit seinem Schloß und seiner Altstadt ist nun mit gräßlichen Gebäuden der Versicherungsgesellschaften verziert und ernährt sich zur Hauptsache von einer bescheidenen Universität mit ausgebauter theologischer Fakultät und sommerlichen Sprachkursen, ferner von einer Handels- und einer Zahntechnikerschule, dann von Töchterpensionaten und von einer kaum nennenswerten Leichtindustrie und liegt somit schon an sich abseits vom Getriebe. Dazu beruhigt überflüssigerweise auch noch die Landschaft die Nerven, jedenfalls sind blaue Gebirgszüge, human bewaldete Hügel und ein beträchtlicher See vorhanden…

Auch der Nebentext kann Auskünfte geben zu den Fragen:
- Wie ist eine Figur charakterisiert? Welche Mimik, welche Gestik zeigt sie?
- Was erfahren wir über das Äußere der Figur, was über ihre innere Befindlichkeit?
- Wie verhält sich eine Figur: Kommt sie auf die Bühne, tritt sie ab, wendet sie sich von ihrem Gegenüber ab usw.?
- Wie haben wir uns den Spielort vorzustellen?

Beim Lesen eines Dramas liest man den Nebentext mit. Sieht man ein Schauspiel auf der Bühne, ist der Nebentext oft nur optisch erschließbar. Beispiel aus Max Frischs Schauspiel Andorra:

Tischler: Da sind noch seine Schuh.
Doktor: Gehn wir hinein.
Tischler: Das mit dem Finger ging zu weit…
Tischler, Doktor und Wirt verschwinden in der Pinte. Die Szene wird dunkel, das Orchestrion fängt von selbst an zu spielen, die immergleiche Platte. Wenn die Szene wieder hell wird, kniet Barblin und weißelt das Pflaster des Platzes; Barblin ist geschoren. Auftritt der Pater. Die Musik hört auf.
Barblin: Ich weißle, ich weißle.

Formen und Funktionen der Figurenrede

Spricht eine Figur mit einer oder mehreren anderen, nennt man das Dialog; spricht sie zu sich selbst, nennt man es **Monolog**. Monolog und **Dialog** haben identische, aber auch andersartige Funktionen. Gemeinsam ist ihnen, dass sie die für das Verständnis der Handlung wichtigen Informationen transportieren.

Dialoge finden zwischen zwei oder mehreren Figuren statt. Die Aussage einer Figur ist deshalb gleichzusetzen mit einer sprachlichen Handlung (auch „Sprechakt" genannt), die die Reaktion einer anderen Figur nach sich zieht.

Funktionen des Monologs	• Mitteilung von Gefühlen und persönlichen Einstellungen • Erläuterung von Beziehungen zu anderen Figuren • Aussagen über das eigene Verhalten und Handeln
Funktionen des Dialogs	• Vorantreiben der Handlung • Charakterisierung der Figuren • Darstellung von Beziehungen • Information über Beweggründe der Figuren • Veranschaulichung der Figuren, ihrer Sprech- und Denkweise

Monologe erfüllen ganz bestimmte Funktionen, die ihnen von den Autoren der Stücke zugewiesen werden. Auch dies ist ein Unterscheidungskriterium für die verschiedenen Monologarten:

Typische Monologarten und ihre Funktion	
Expositionsmonolog	Vermittlung von Einsichten in die Vorgeschichte der Handlung
Entschlussmonolog	Abwägen des Für und Wider einer Entscheidung und Entschlussfassung
Reflexionsmonolog	Nachdenken über die allgemeine Situation, über ein konkretes Ereignis oder über zukünftige Entscheidungen
Konfliktmonolog	dramatische Steigerung der Reflexion bzw. Erörterung des Für und Wider einer Entscheidung oder einer Handlung
Brückenmonolog	Verbindung zweier Handlungsphasen eines Dramas, Markierung eines Einschnitts in die Handlung
Selbstcharakterisierung	Vermittlung des eigenen Charakters, von Ansichten und Gefühlen des Sprechers
Lyrischer Monolog	ausdrucksstarkes Selbstgespräch, in dem die Figur ihre Gefühle darstellt oder ihre Situation reflektiert
Epischer Monolog	ausführliche Schilderung der Vorgeschichte oder anderer Handlungen, die nicht auf der Bühne dargestellt werden

3

Der Dialog ist ein Gespräch zwischen zwei oder mehr Figuren. Auch diese Form der Figurenrede ist vom Autor bewusst gewählt, da sie geeignet ist, eine enorme Bandbreite der Kommunikation wiederzugeben. Typische Dialogarten sind:

Typische Dialogarten und ihre Funktion	
Entscheidungsdialog	sachliches Gespräch über einen Sachverhalt, der entschieden werden soll
Erkundungsdialog	sachliches Gespräch zum Zweck des Meinungsaustausches
Enthüllungsdialog	Gespräch zwischen Figuren, die etwas aufdecken bzw. vertuschen wollen
Expositionsdialog	Gespräch, das die Handlungsvoraussetzungen deutlich macht
Konfliktdialog	Gespräch, in dem eine Auseinandersetzung ausgetragen wird
Einschüchterung	unechtes Gespräch, da ein Gesprächspartner den anderen dominiert
Aneinandervorbeireden	unechtes Gespräch, da die Gesprächspartner einander nicht verstehen können
Stichomythie	Spannungsreiche Wechselrede, die im klassischen Drama einen gedanklichen (und zugleich dialogischen) Höhepunkt markiert. Die Stichomythie ist ein Stilmittel, bei dem die Dialogpartner entweder eine ganze oder nur jeweils eine halbe Verszeile im schnellen Wechsel sprechen.

Neben echten Dialogen und Monologen gibt es auch Mischformen. Von einem **dialoghaften Monolog** spricht man, wenn eine Figur sich an eine andere wendet, die gar nicht anwesend ist (z. B. eine Gottheit, die angerufen wird), oder wenn sie mögliche Einwände eines Kontrahenten argumentativ vorwegnimmt. Um einen **monologhaften Dialog** handelt es sich, wenn in einem Gespräch eine Figur der anderen nicht zuhört oder eine Figur, ohne die andere zu beachten, ihre Argumente vorbringt.

Im Drama gibt es auch Sprechsituationen, deren Informationsgehalt vor allem an den Leser bzw. Zuschauer gerichtet ist:

Beiseitesprechen (à parte sprechen)	Monologisches Sprechen, das über Gedanken, Gefühle oder Handlungsabsichten des Sprechers so informiert, dass es die auf der Bühne anwesenden Personen nicht hören können.
Botenbericht	Dialogisches Sprechen; dient der Information einer Person bzw. des Zuschauers über ein Ereignis, das nicht auf der Bühne gezeigt werden kann, sondern im Hintergrund stattgefunden hat.
Mauerschau	Dialogisches Sprechen; dient der Information einer Person bzw. des Zuschauers über ein Ereignis, das nicht auf der Bühne gezeigt werden kann, aber zeitgleich auf einem fiktiven Nebenschauplatz stattfindet.
Chor(gesang)	Kommentierung des Geschehens oder Erläuterung von Zusammenhängen bzw. Preisgabe von Hintergrundinformation. Der Chor ist ein typisches Gestaltungselement der griechischen Dramen und wurde im deutschen Drama der Klassik neu entdeckt, z. B. Schiller: Die Braut von Messina. Er wird auch im modernen Drama – meist verfremdet – verwendet, z. B. Frisch: Biedermann und die Brandstifter.

Stilebenen

Im Drama sprechen die Figuren nicht wie im täglichen Leben; ihre Sprache ist stilisiert. Das ist jedoch nicht Selbstzweck, sondern erfüllt eine jeweils genau bestimmte Intention.

Hoher Stil	• im Drama des 18. und 19. Jahrhunderts häufig verwendet • unterscheidet sich von der Alltagssprache durch Verwendung von Versen, rhetorischen Figuren, pathetischer Sprechweise • dient der Darstellung von hochgestellten Figuren in der Tragödie • betont den Kunstcharakter von Dichtung	z. B. Dramen der Klassik wie Schillers Maria Stuart oder Goethes Iphigenie auf Tauris
Realistischer Stil	• im Drama des 18., 19. und 20. Jahrhunderts verwendet • Verwendung von Alltagssprache • dient der realistischen Darstellung von Figuren aus dem täglichen Umfeld • betont die realistische Darstellung der Verhältnisse	z. B. Dramen des Realismus wie Hebbels Maria Magdalena oder des 20. Jahrhunderts wie Frischs Biedermann und die Brandstifter
Niederer Stil	• im Drama des 19. und 20. Jh. verwendet • unterscheidet sich von der Alltagssprache durch Verwendung von Umgangssprache, Dialekt und Soziolekt • Verwendung von Ellipsen, Inversionen, Synkopen und Apokopen, Fäkal- und Slangwörtern, einfache Syntax und beschränkter Wortschatz • dient der Darstellung von sozialen Randexistenzen • betont soziale Ungleichheiten und Ungerechtigkeiten, sozialkritischer Ansatz	z. B. Dramen des Realismus wie Büchners Woyzeck, des Naturalismus wie Gerhart Hauptmanns Vor Sonnenaufgang oder des 20. Jahrhunderts wie Franz Xaver Kroetz' Oberösterreich

3.4 Raum- und Zeitgestaltung

Der Zuschauer im Theater weiß, dass die Situation, die er auf der Bühne vorfindet, künstlich ist: Weder die Zeit noch der Ort stimmen mit der Realität überein. So ist jedem Theaterbesucher, der Goethes Drama „Faust I" sieht, bei der Szene „Osterspaziergang" genau bewusst, dass es weder Ostersonntag noch Morgen ist, und dass die Figuren nicht wirklich im Freien spazieren gehen, sondern auf der Bühne agieren.

Raumkonzeption und Raumgestaltung

Die Bühne dient als Raum für Imagination, der entweder durch gestalterische Mittel, also Ausstattung oder Dekoration, oder durch Aussagen der Figuren der Bühnenkonzeption des Autors angepasst wird. Folgende Raumkonzeptionen, die auch kombiniert werden können, kann man in Dramen finden:

Handlungsraum	
Der Raum, in dem die Dramenhandlung abläuft. Beispiel: Wohnraum und Dachboden in Herrn Biedermanns Haus (in Max Frisch: Biedermann und die Brandstifter)	Dachboden und Wohnraum sind zwei Handlungsräume, die möglicherweise zeitgleich zu sehen sind und den Zuschauern Eindrücke vermitteln: vom Leben Biedermanns und von den Aktivitäten der Brandstifter.
Stimmungsraum	
Der Raum, der die Stimmung der Figuren veranschaulicht. Beispiel: Das „hochgewölbte, enge gotische Zimmer" in der Szene „Nacht" aus Goethes Drama Faust. Der Tragödie erster Teil	Fausts Stimmung korrespondiert mit dem Raum: Er fühlt sich eingeengt, einsam und niedergeschlagen. Er zweifelt am Sinn seines Tuns, an seinen Fähigkeiten und hegt Selbstmordgedanken.
Lebensraum	
Der Raum, der die Lebensumstände der Figuren veranschaulicht und diese charakterisiert. Beispiel: Das Wohnzimmer der Selickes in Arno Holz' und Johannes Schlafs Schauspiel Die Familie Selicke	Das Zimmer zeigt die ärmlichen Verhältnisse, in denen die Familie Selicke lebt.
Symbolraum	
Der Raum, der die Kräfte, die in der Handlung aufeinander treffen, verdeutlicht. Beispiel: Das Wohnzimmer der Familie Krause aus Gerhart Hauptmanns Drama Vor Sonnenaufgang, in dem, wie in der Regieanweisung vermerkt, „moderner Luxus auf bäuerische Dürftigkeit gepfropft" ist	Familie Krause ist durch Kohlenfunde auf ihrem Land reich geworden. Die Familienmitglieder können mit diesem Reichtum, der in den Regieanweisungen deutlich wird, aber nicht umgehen, sie haben sich mental nicht von ihrem Ursprung gelöst: Vater Krause wird zum Alkoholiker und reißt dadurch die Familie ins Unglück.

Visuelles und verbales Raumkonzept

Autoren haben grundsätzlich folgende zwei Möglichkeiten der Raumgestaltung:
- Festlegung des Raums in den Regieanweisungen (**visuelles Raumkonzept**). In diesem Fall ist klar, was sich der Autor bezüglich einer Inszenierung des Dramas vorgestellt hat. Bei einer Aufführung ist es Sache des Regisseurs, diesem Raumkonzept nachzukommen oder es – aus welchen Gründen auch immer – zu ignorieren.
- Beschreibung des Raums durch die Figuren in Dialogen und Monologen (**verbales Raumkonzept**). In diesem Fall ist neben dem Regisseur, der über das Bühnenbild entscheidet, möglicherweise auch der Zuschauer gehalten, für sich eigene Raumkonzepte zu entwerfen.

Zeit und Zeitgestaltung

Das Drama zeigt einen Ausschnitt aus der Wirklichkeit, dessen zeitliche Gestaltung genau konzipiert sein muss. Der Autor legt dabei folgende Einzelheiten fest:
- das Verhältnis von **Spielzeit** (Dauer der Aufführung) und **gespielter Zeit** (Dauer der Handlung),
- Beibehaltung der **Chronologie der Handlung** bzw. Abweichen davon durch Unterbrechungen oder Zeitsprünge bzw. Zeitraffungen,
- **Simultanität** (gleichzeitige Darstellung von verschiedenen Handlungselementen).

Für die Untersuchung der Zeit im Drama sind außerdem folgende Aspekte wichtig:

Zeitliche Situierung der Handlung:
- **Wann** spielt die Handlung?
- **Welche historische Epoche** bildet den Rahmen für das Bühnengeschehen?
- Ist diese Epoche **realistisch oder stilisiert** dargestellt?

Zeit der Dramenhandlung – Zeit der Aufführung:
- In welchem **zeitlichen Verhältnis** steht das Bühnengeschehen zur Aufführung?
- Entstammt die auf der Bühne dargestellte Situation dem **Erfahrungsbereich der Zuschauer** oder gibt es Verständnisschwierigkeiten?
- Kann sich der Zuschauer mit der dargestellten Situation **identifizieren** oder ist sie ihm fremd?

Bedeutung des Handlungszeitpunkts für die Figuren:
- Welche Bedeutung hat der Handlungszeitpunkt für die Figuren?
- Befinden sie sich in einer persönlichen Krisensituation?
- Stehen sie an einem Wendepunkt ihres Lebens?

Symbolische Bedeutung der Zeit:
- Kommt der Zeit der Dramenhandlung symbolische Bedeutung zu?
- Spielt das Geschehen an weltlichen oder kirchlichen Festtagen, in mystischen Momenten (z. B. Mitternacht, Walpurgisnacht), an Wendepunkten des politischen Lebens oder der Menschheitsgeschichte?

3.5 Dramatische Gattungen und Formen

Typus	Beschreibung	Beispiel
Absurdes Theater	im 20. Jahrhundert, Darstellung einer sinnentleerten Welt und der Absurdität der menschlichen Existenz, Verzicht auf Handlung, keine echte Kommunikation zwischen den marionettenhaften Figuren	Samuel Beckett: Warten auf Godot, Eugene Ionesco: Die Nashörner, Wolfgang Hildesheimer: Die Uhren
Bürgerliches Trauerspiel	im 18. und 19. Jahrhundert, gesteigertes Selbstbewusstsein des Bürgertums, Kritik an der Ständegesellschaft, Darstellung von Standeskonflikten zwischen Bürgertum und Adel, Orientierung an den ethischen Werten und der Lebensführung des Bürgertums	Gotthold Ephraim Lessing: Miß Sara Sampson, Friedrich Schiller: Kabale und Liebe, Friedrich Hebbel: Maria Magdalena
Dokumentartheater	nach 1945, möglichst unmittelbare Darstellung historischer Ereignisse, Zurücknahme des Autors als Schöpfer, auf der Grundlage authentischer Dokumente wie Gerichtsakten, Protokolle, Interviews	Peter Weiss: Die Ermittlung, Heinar Kipphardt: In der Sache J. Robert Oppenheimer, Rolf Hochhuth: Der Stellvertreter
Experimentelles Drama	nach 1945, der Zuschauer soll über die Wirkungsmöglichkeit des Theaters desillusioniert werden, oft keine Handlung, keine fiktiven Figuren, die Schauspieler sprechen das Publikum von der Bühne herab direkt an (vgl. Sprechstücke)	Peter Handke: Publikumsbeschimpfung, Kaspar, Ernst Jandl: Aus der Fremde

Geschichtsdrama	tatsachengetreue oder in künstlerischer Freiheit bearbeitete Darstellung von geschichtlichen Ereignissen, Stoffen oder Situationen, Akzeptierung der gestalterischen Möglichkeiten des Individuums, Autonomie des Helden, **historische Situation als Möglichkeit für existenzielle Grenzerfahrungen**	Johann Wolfgang von Goethe: Götz von Berlichingen, Heinrich von Kleist: Prinz Friedrich von Homburg, Friedrich Schiller: Wallenstein, Georg Büchner: Dantons Tod, Gerhart Hauptmann: Die Weber, Dramen von Peter Hacks und Heiner Müller
Ideendrama	im 18. Jahrhundert zur Zeit der Klassik, **Darstellung einer Grundidee**, die in einem Charakter veranschaulicht wird, geschlossenes Weltbild als Voraussetzung	Johann Wolfgang von Goethe: Iphigenie auf Tauris
Kritisches Volksstück	im 20. Jahrhundert, realistische Darstellung von Figuren aus dem Volk, Thematisierung von **Problemen und Missständen**, mit denen der Durchschnittsbürger nach 1945 konfrontiert wurde, einfacher Aufbau, klare Handlungsführung, desillusionierte Weltsicht, Verwendung von verfremdeten Elementen des traditionellen Volksstücks, Dialekt als Ausdruck eingeschränkter Wirklichkeitswahrnehmung	Ludwig Thoma: Magdalena, Ödön von Horváth: Geschichten aus dem Wiener Wald, Marieluise Fleißer: Pioniere in Ingolstadt, Martin Sperr: Jagdzeit in Niederbayern, Franz Xaver Kroetz: Stallerhof
Parabelstück	im 20. Jahrhundert, will unterhalten und belehren, **vereinfachte Darstellung existierender gesellschaftlicher Phänomene** (z. B. Geist und Macht, Macht und Moral, Verantwortung des Einzelnen in der Massengesellschaft)	Bertolt Brecht: Der gute Mensch von Sezuan, Der aufhaltsame Aufstieg des Arturo Ui, Max Frisch: Andorra, Friedrich Dürrenmatt: Die Physiker
Sprechstück	nach 1945, Form des experimentellen Theaters, Stück ohne äußere Handlung, ohne Szenenbilder und ohne Requisiten, **macht die Sprache selbst zum Inhalt**, sprachliche Mittel: Variation, Parodie, Wiederholung, Verfremdung	Peter Handke: Publikumsbeschimpfung, Kaspar, Ernst Jandl: Aus der Fremde

Arbeitsteil: Bearbeitung von Dramentexten

Aspekte der Dramenhandlung und Informationen zu den Figuren werden Ihnen, wenn notwendig, durch einen einleitenden Text oder durch Fußnoten vermittelt. Folgende Aspekte können Ihnen helfen, die gestellten Aufgaben richtig einzuschätzen:
- Dramentexte sind inhaltlich meist leicht verständlich.
- Es ist nicht notwendig, dass Sie schon viel von dem betreffenden Dichter gelesen haben, sein Gesamtwerk oder seine Biografie kennen.
- Der Name des Autors und der Titel des Dramas sind in der Regel angegeben. Dies lässt treffende Rückschlüsse auf die Epoche zu, nach der oft gefragt wird.
- Damit Sie den vorliegenden Textauszug in den Kontext des Dramas einordnen können, werden Ihnen unter Umständen Einführungen oder Fußnoteninformationen gegeben. Diese sollten Sie vorab genau lesen und dann entscheiden, ob Sie mit dem Textauszug arbeiten wollen.
- Wenn Sie sich für eine Bearbeitung des Textes entschieden haben, sollten Sie diesen noch mindestens zweimal gründlich lesen. Flüchtiges Lesen führt oft zu Fehleinschätzungen.

Folgende Tipps helfen Ihnen bei der Anfertigung eines Interpretationsaufsatzes. Gehen Sie von besonders Sinnfälligem aus:
- **Wer spricht?** Welche Figuren kommen im Drama vor? In welchem Verhältnis stehen die Figuren zueinander?
- **Worüber sprechen Sie?** In welcher Absicht sprechen Sie: Wollen Sie informieren oder appellieren? Wollen Sie sich über Ihre Beziehung zu ihrem Gegenüber äußern oder eigene Gefühle ausdrücken?
- **Wie sprechen Sie?** Gibt es auffallende sprachliche Besonderheiten? Welche Stilebene wird verwendet?
- **Welches Ergebnis** zeigt das Gespräch, der Monolog?
- **Welche Einsichten** vermitteln die Regieanweisungen?

3.6 Beispiele für die Aufgabenstellung

Bei der Interpretation eines Dramentextes wird von Ihnen erwartet, dass Sie den betreffenden Textauszug nach literaturwissenschaftlichen Gesichtspunkten deuten. Dazu müssen Sie mit dem Text arbeiten, indem Sie wichtige formale und inhaltliche Aspekte des Textes beschreiben, und die Erkenntnisse, die Sie dabei gewinnen, erläutern. Wichtig ist, dass Ihre Aussagen anhand des Textes überprüfbar und damit für den Leser Ihrer Arbeit nachvollziehbar sind.

Für die Analyse und Interpretation eines Dramentextes sind detaillierte, eher zusammenfassende und recht allgemeine Aufgabentypen üblich.

Beispiel für eine **detaillierte Aufgabenstellung**, die die Kernbereiche von Analyse und Interpretation vorgibt:
1. Fassen Sie den Inhalt des folgenden Monologs in eigenen Worten zusammen.
2. Gliedern Sie den Text in Sinnabschnitte.
3. Untersuchen Sie die sprachlich-stilistische Gestaltung der Personenrede.
4. Erläutern Sie die Entscheidung der Hauptfigur und legen Sie dar, inwiefern der vorliegende Textauszug thematisch und formal typisch für die Epoche seiner Entstehung ist.

Hier wäre auch eine andere – themenbezogene – Aufgabe bzw. gestalterische Übung denkbar, z. B. Vorbereitung einer Zeugenaussage oder Beschreibung einer Person für ein „Lexikon berühmter Frauen und Männer".

Beispiel für eine **zusammenfassende Aufgabenstellung**:
1. Erschließen Sie die folgende Szene und stellen Sie den inneren Konflikt des Helden dar.
2. Arbeiten Sie im Vergleich mit einem anderen literarischen Werk Intentionen und Darstellungsweisen bei der Gestaltung historischer Stoffe heraus.

Beispiel für eine **allgemeine Aufgabenstellung**:
- Analysieren und interpretieren Sie die vorliegende Szene.
  In diesem Fall erwartet man, dass Sie Aussagen zum Aufbau der Szene, zum Inhalt des Monologs (oder Dialogs) und zur sprachlichen Gestaltung machen. Außerdem sollten Sie die Textaussage deuten. Dazu ist es hilfreich, wenn Sie selbstständig auf einen Vergleichstext verweisen, der Ihre Aussagen durch Übereinstimmung oder Kontrastierung stützt. Möglicherweise helfen auch Kenntnisse der Biografie des Autors, der Epoche oder der Dramengattung.

3.7 Gestaltung und Entwurf einer Gliederung

Wird bei einem Interpretationsaufsatz eine Gliederung verlangt, hat sie zwei Funktionen:
- Die Gliederung hilft dem Leser, das Gelesene strukturieren zu können und damit besser zu verstehen.
- Die Gliederung hilft Ihnen, Ihre Gedanken in eine sinnvolle Form zu bringen und eine stimmige Arbeit zu schreiben.

Für die Gestaltung der Gliederung gelten folgende Grundregeln:
- Die Gliederung ist in ihrer Grobstruktur dreiteilig aufgebaut (Einleitung, Hauptteil, Schluss).
- Sie soll den Verlauf der schriftlichen Darstellung wiedergeben.
- Meist wird der Nominalstil erwartet.

> Für die Analyse und Interpretation eines Dramentextes bietet sich folgendes Gliederungsschema an:
> A. Einleitung (z. B. Aussagen zum Autor, zur Epoche, zur Thematik)
> B. Hauptteil: Analyse und Interpretation der vorliegenden Szene
>   I. Thema und Inhalt
>   II. Zusammenfassung des Inhalts in Sinnabschnitten
>   III. Charakterisierung der Hauptfigur
>   IV. Gesprächsaufbau und Gesprächsstrategie
>   1. Gesprächsverlauf in Sinnabschnitten
>   2. Mittel und Ziel des Gesprächs
>   V. Interpretation
>   1. Thematik
>   2. Autorenintention
>   3. Einordnung in die Epoche
> C. Schluss (z. B. abschließende Betrachtung, eigene Gedanken zum Thema, Vergleich mit einem anderen Werk)

Das vorgestellte Gliederungsschema ist idealtypisch zu verstehen, sozusagen die Folie, auf der Sie arbeiten sollen. In jedem Fall müssen Sie die Gliederung inhaltlich füllen, d. h. statt „B. Hauptteil: Analyse und Interpretation der vorliegenden Szene" müssten Sie dann schreiben: „B. Analyse und Interpretation der Szene „Beim Doctor" aus Georg Büchners Drama „Woyzeck".

Die Gliederungen sind nach dem alphanumerischen Prinzip (Wechsel von Buchstaben und Zahlen) verfasst; genauso üblich ist das numerische System: 1., 1.1, 1.1.1, 1.1.2, 1.2, 1.3 usw.

3.8 Bearbeitung der Aufgaben

In diesem Kapitel wird Ihnen anhand eines Beispiels gezeigt, wie man bei der Analyse und Interpretation einer Dramenszene sinnvoll vorgehen kann. Folgender Textauszug wird Ihnen vorgelegt:

3

Georg Büchner: Woyzeck
(Szene: Beim Doctor. Woyzeck. Der Doctor.)

DOCTOR. Was erleb' ich Woyzeck? Ein Mann von Wort.
WOYZECK. Was denn Herr Doctor?
DOCTOR. Ich hab's gesehn Woyzeck; Er hat auf die Straß gepißt, an die Wand gepißt wie ein Hund. Und doch zwei
5 Groschen täglich. Woyzeck das ist schlecht. Die Welt wird schlecht, sehr schlecht.
WOYZECK. Aber Herr Doctor, wenn einem die Natur kommt.
DOCTOR. Die Natur kommt, die Natur kommt! Die Natur! Hab' ich nicht nachgewiesen, daß der musculus constrictor vesicae
10 dem Willen unterworfen ist? Die Natur! Woyzeck, der Mensch ist frei, in dem Menschen verklärt sich die Individualität zur Freiheit. Den Harn nicht halten können! *(Schüttelt den Kopf, legt die Hände auf den Rücken und geht auf und ab.)* Hat Er schon seine Erbsen gegessen, Woyzeck? – Es giebt eine
15 Revolution in der Wissenschaft, ich sprenge sie in die Luft. Harnstoff 0,10, salzsaures Ammonium, Hyperoxydul.
Woyzeck muß Er nicht wieder pissen? geh' Er einmal hinein und probir Er's.
WOYZECK. Ich kann nit Herr Doctor.
20 DOCTOR *mit Affect.* Aber an die Wand pissen! Ich hab's schriftlich, den Akkord in der Hand. Ich hab's gesehn, mit die-ßen Augen gesehn, ich steckt grade die Nase zum Fenster hin-aus und ließ die Sonnstrahlen hineinfallen, um das Niesen zu beobachten. *(Tritt auf ihn los.)* Nein Woyzeck, ich ärgre mich
25 nicht, Ärger ist ungesund, ist unwissenschaftlich. Ich bin ruhig ganz ruhig, mein Puls hat seine gewöhnlichen 60 und ich sag's Ihm mit der größten Kaltblütigkeit. Behüte wer wird sich über einen Menschen ärgern, ein Menschen! Wenn es noch ein proteus wäre, der einem krepirt! Aber Er hätte doch
30 nicht an die Wand pissen sollen –
WOYZECK. Sehn Sie Herr Doctor, manchmal hat einer so n'en Character, so n'e Structur. – Aber mit der Natur ist's was anders, sehn Sie mit der Natur *(er kracht mit den Fingern)* das ist so was, wie soll ich doch sagen, zum Beispiel...
35 DOCTOR. Woyzeck, Er philosophirt wieder.
WOYZECK *vertraulich.* Herr Doctor haben Sie schon was von der doppelten Natur gesehn? Wenn die Sonn in Mittag steht und es ist als ging die Welt in Feuer auf hat schon eine fürch-terliche Stimme zu mir geredt!
40 DOCTOR. Woyzeck, Er hat eine aberratio.
WOYZECK *legt den Finger an die Nase.* Die Schwämme Herr Doctor. Da, da steckts. Haben Sie schon gesehn in was für Figuren die Schwämme auf dem Boden wachsen? Wer das lesen könnt.
45 DOCTOR. Woyzeck Er hat die schönste aberratio mentalis partialis, die zweite Species, sehr schön ausgeprägt. Woyzeck Er kriegt Zulage. Zweite Species, fixe Idee, mit allgemein ver-nünftigem Zustand, Er thut noch Alles wie sonst, rasirt sein Hauptmann?

```
50  WOYZECK. Ja, wohl.
    DOCTOR. Ißt sei Erbse?
    WOYZECK. Immer ordentlich Herr Doctor. Das Geld für die
    Menage kriegt mei Frau.
    DOCTOR. Thut sei Dienst?
55  WOYZECK. Ja wohl.
    DOCTOR. Er ist ein interessanter casus. Subject Woyzeck Er
    kriegt Zulag. Halt Er sich brav. Zeig Er sei Puls! Ja.
```

Die Aufgabenstellung lautet:

Erschließen und interpretieren Sie die Szene „Beim Doctor" aus Büchners „Woyzeck".
Gehen Sie dabei auf die Charakterisierung der Figuren, ihren sozialen Stand, die verwendete Sprache und die Bedeutung dieser Szene für die Gesamthandlung ein.

Der letzte Teil dieser Aufgabe ist nur möglich, wenn das Drama im Unterricht gelesen wurde.

Vorgehen bei der Analyse:

- Lesen Sie den vorliegenden Auszug aus „Woyzeck" mindestens zweimal.
- Überlegen Sie, worum es in dieser Textstelle geht und welchen Stellenwert sie im Drama einnimmt.
- Sie werden dabei feststellen, dass es sich um eine Schlüsselstelle handelt: Woyzeck hat sich aus finanziellen Gründen auf ein (pseudo)wissenschaftliches Experiment des Doctors eingelassen, das ihm vorschreibt, sich ausschließlich von Erbsen zu ernähren und seinen Harn zu Untersuchungszwecken dem Doctor zu überlassen. Als er einmal gegen dieses Abkommen verstößt, stellt ihn der Doctor zur Rede. Dabei werden ihre unterschiedliche soziale Stellung und ihre unterschiedliche Weltanschauung deutlich.

Untersuchung des Textauszugs „Beim Doctor":

Inhalt	Text Georg Büchner: Woyzeck (Szene: Beim Doctor. Woyzeck. Der Doctor)	Sprache
Der Doctor stellt Woyzeck wegen seiner „Verfehlung" zur Rede. Der Doctor greift Woyzeck an.	DOCTOR. Was erleb' ich Woyzeck? <u>Ein Mann von Wort</u>. WOYZECK. Was denn Herr Doctor? DOCTOR. Ich hab's gesehn Woyzeck; <u>Er</u> hat auf die Straß <u>gepißt</u>, an die Wand <u>gepißt</u> wie ein Hund. <u>Und doch zwei Groschen täglich</u>. Woyzeck das ist schlecht. <u>Die Welt wird schlecht, sehr schlecht.</u>	Ellipse Anrede in der 3. Person Umgangssprache (wiederholt) – Ellipse Allgemeinplatz (Floskel, wiederholt)

3

hilflose Rechtfertigung Woyzecks	WOYZECK. Aber Herr Doctor, wenn <u>einem</u> die Natur kommt.	unpersönliche Formulierung
	DOCTOR. Die <u>Natur</u> kommt, die <u>Natur</u> kommt! Die <u>Natur</u>! Hab' ich nicht nachgewiesen, daß der <u>musculus constrictor vesicae</u> dem Willen unterworfen ist? Die Natur! Woyzeck, der Mensch ist frei, in dem Menschen verklärt sich die Individualität zur Freiheit. Den Harn nicht halten können!	Wiederholung = Entrüstung
pseudophilosophische Gedanken des Doctors über das Wesen des Menschen		Fachbegriff
	(<u>Schüttelt den Kopf, legt die Hände auf den Rücken und geht auf und ab.</u>) Hat Er schon seine Erbsen gegessen, Woyzeck? – Es giebt eine Revolution in der Wissenschaft, ich sprenge sie in die Luft. <u>Harnstoff 0,10, salzsaures Ammonium, Hyperoxydul.</u>	Regieanweisung (zeigt die Gefühlslage des Doctors)
scheinbare wissenschaftliche Exaktheit vs. Übertreibung		wissenschaftliche Sprache
	Woyzeck muß Er nicht wieder pissen? geh' Er einmal hinein und probir Er's.	
Unbeholfenheit Woyzecks	WOYZECK. <u>Ich kann nit</u> Herr Doctor.	einfache Sprache, Dialekt
	DOCTOR *mit Affect*. Aber an die Wand pissen! Ich hab's schriftlich, den Akkord in der Hand. Ich hab's gesehn, mit dießen Augen gesehn, ich steckt grade die Nase zum Fenster hinaus und ließ die Sonnstrahlen hineinfallen, um das Niesen zu beobachten.	
pseudowissenschaftliche Anmerkungen des Doctors, Abwertung Woyzecks		
	(<u>Tritt auf ihn los.</u>) Nein Woyzeck, <u>ich ärgre mich nicht, Ärger ist ungesund, ist unwissenschaftlich. Ich bin ruhig ganz ruhig, mein Puls hat seine gewöhnlichen 60 und ich sag's Ihm mit der größten Kaltblütigkeit.</u> Behüte wer wird sich über einen Menschen ärgern, ein Menschen! <u>Wenn es noch ein proteus wäre, der einem krepirt!</u> Aber Er hätte doch nicht an die Wand pissen sollen –	Regieanweisung (zeigt die Gefühlslage des Doctors, die im Widerspruch zu seinen Äußerungen steht)
moralische Wertung		bildungsbürgerliche vs. vulgäre Sprache
Woyzeck versucht mit seinem beschränkten Wortschatz seine Situation zu erklären.	WOYZECK. Sehn Sie Herr Doctor, manchmal hat einer <u>so n'en Character, so n'e Structur.</u> – Aber mit der Natur ist's was anders, sehn Sie mit der Natur *(er kracht mit den Fingern)* das ist so was, wie soll ich doch sagen, zum Beispiel...	Ringen um die richtigen Worte
		Anakoluth
Der Doctor nimmt Woyzecks Gefühlslage nicht ernst.	DOCTOR. Woyzeck, Er philosophirt wieder.	
Versuch Woyzecks, sich dem Doctor verständlich zu machen.	WOYZECK *vertraulich*. Herr Doctor haben Sie schon was von der doppelten Natur gesehn? Wenn die Sonn in Mittag steht und es <u>ist als ging die Welt</u>	bildhafte Sprache

Woyzecks existenzielle Ängste werden deutlich.	<u>in Feuer auf</u> hat schon eine fürchterliche Stimme zu mir geredt! DOCTOR. Woyzeck, Er hat eine aberratio. WOYZECK *legt den Finger an die Nase.* Die Schwämme Herr Doctor. Da, da steckts. Haben Sie schon gesehn in was für Figuren die Schwämme auf dem Boden wachsen? Wer das lesen könnt.	Ellipse
Der Doctor erkennt die existenziellen Ängste Woyzecks nicht, er sieht in ihm nur ein medizinisches Versuchsobjekt. Bürgerliche Werte sind dem Doctor wichtig…	DOCTOR. Woyzeck Er hat die schönste <u>aberratio mentalis partialis, die zweite Species</u>, sehr schön ausgeprägt. Woyzeck Er kriegt Zulage. Zweite Species, fixe Idee, mit allgemein vernünftigem Zustand, Er thut noch Alles wie sonst, rasirt sein Hauptmann? WOYZECK. <u>Ja, wohl.</u> DOCTOR. Ißt sei Erbse? WOYZECK. Immer ordentlich Herr Doctor. Das Geld für die Menage kriegt mei Frau. DOCTOR. Thut sei Dienst? WOYZECK. Ja wohl.	medizinische Fachsprache unterwürfiges Sprachverhalten
…und werden von ihm finanziell honoriert. Helfen kann und will er Woyzeck jedoch nicht.	DOCTOR. Er ist ein interessanter casus. Subject Woyzeck Er kriegt Zulag. Halt Er sich brav. Zeig Er sei Puls! Ja.	

Folgende Gesichtspunkte können sich bei der Analyse der Szene „Beim Doctor" ergeben:

Zu Inhalt und Aufbau:
- Die vorliegende Szene gibt ein **Gespräch zwischen Woyzeck und dem Doctor** wieder. Der Doctor hat Woyzeck beobachtet, wie er seinen Harn auf der Straße abgelassen hat und wirft ihm dies nun vor. Nicht, weil er es für unschicklich oder unhygienisch hält, sondern weil sich Woyzeck damit nicht an die getroffene Abmachung hält, die besagt, dass er seinen gesamten Harn dem Doctor gegen Entgelt für wissenschaftliche Zwecke überlässt.
- Der Dialog beginnt mit einem **Vorwurf des Doctors**, den Woyzeck mit dem Verweis auf die „Natur" zu entschuldigen versucht. Der Doctor antwortet darauf mit trivialphilosophischen Ausführungen zur menschlichen Natur und verweist auf seine Forschungen zu diesem Problem. Woyzeck wiederholt seine Entschuldigung, nun mit einer Schilderung seiner psychischen Verfassung. Auch dies nimmt der Doctor nur zum Anlass, seine

Freude über das Gelingen des Experiments auszudrücken, das er mit Woyzeck anstellt. Dafür verspricht er ihm am Ende eine finanzielle Zulage.

Zur sprachlich-stilistischen Gestaltung:
- Der Dialog ist gekennzeichnet vom **Aneinandervorbeireden** der beiden Figuren, das zugleich den gesellschaftlichen Unterschied verdeutlicht. Der Doctor zieht sich auf seine Wissenschaft zurück und ist gar nicht gewillt, den um Worte ringenden Woyzeck zu verstehen.
- Während der Doctor mit **Fachbegriffen** zu brillieren versucht, eigentlich aber nur inhaltsleere Floskeln von sich gibt, bemüht sich der sprachlich wenig gewandte Woyzeck mit den **beschränkten Mitteln**, die ihm zur Verfügung stehen, seinen psychischen und körperlichen Zustand zu beschreiben.
- Auffällig ist, dass beide Figuren **umgangssprachliche Wendungen** benützen, auch die Syntax entspricht der **Alltagssprache**. Die Wortwahl des Doctors ist dabei – anders als die Woyzecks, der sich immerhin um eine begrifflich exakte Beschreibung bemüht – recht derb.
- Woyzeck drückt sich mit den **sprachlichen Mitteln der Unterschicht** aus. Diese sind: beschränkter Wortschatz, Soziolekt und Dialekt, kurze, elliptische Sätze, Satzbrüche, Verstummen, unterwürfiges Sprachverhalten.
- Der Doctor drückt sich, wenn er vor Woyzeck glänzen will, mit den **Mitteln der gesellschaftlichen Oberschicht** aus: Fachsprache, geschwollene Ausdrucksweise, Sprachdominanz, häufige Verwendung der Ich-Form.
- Der Inhalt des Textes erschließt sich fast ausschließlich aus der **Figurenrede**, Regieanweisungen kommen nur spärlich vor.

3.9 Musterklausur

Erschließen und interpretieren Sie die Szene „Beim Doctor" aus Georg Büchners Drama „Woyzeck"

Gliederung:

A. Literarische Verarbeitung historischer Ereignisse in „Woyzeck"
B. Erschließung und Interpretation des Textauszugs „Beim Doctor"
    I. Inhaltliche Zusammenfassung
    II. Inhaltliche und sprachliche Analyse der einzelnen Abschnitte:

       1. Erster Sinnabschnitt
       2. Zweiter Sinnabschnitt
       3. Dritter Sinnabschnitt
       4. Vierter Sinnabschnitt
   III. Darstellung der Figuren
C. „Woyzeck" – das erste soziale Drama

Ausführung:

Georg Büchners um 1836/37 entstandenes Woyzeck-Fragment basiert auf den Ereignissen und Eindrücken der Zeit des deutschen Vormärz, in der man begann, die politischen und sozialen Umwälzungen der Jahrzehnte nahe der Jahrhundertwende auch kulturell zu verarbeiten. Die historische Entwicklung dieser Zeit war geprägt von der Industrialisierung, deren Folgen in alle sozialen Schichten reichten. Während das Bürgertum ökonomisch wie politisch erstarkte, verlor die Aristokratie kontinuierlich an Macht und es bildete sich schließlich ein vierter Stand, das weitgehend verarmte Proletariat. Diese soziale Neustrukturierung wird erstmalig im „Woyzeck" thematisiert. Die Szene „Beim Doctor" weist deutliche Elemente einer bereits kapitalistischen, rationalistisch begründeten Hierarchie auf, die sich im Verhältnis des Doctors gegenüber Woyzeck spiegelt.

Literarische Verarbeitung historischer Ereignisse

Der vorliegende Dialog kennzeichnet die soziale Unterlegenheit des Soldaten Woyzeck, der an einen Vertrag mit dem Doctor gebunden ist, um seine finanzielle Existenz und die seiner Freundin Marie und seines Kindes zu sichern. Dieser Vertrag beinhaltet eine zeitlich begrenzte ausschließliche Erbsenernährung gegen Bezahlung, damit verbunden häufige Untersuchungen und das Einhalten bestimmter Konditionen in der Lebensweise. Dazu gehört auch die Vorschrift, den Urin an den Doctor abzuliefern. Diese Szene beginnt mit dem Erscheinen Woyzecks beim Doctor, der diesen zu sich gerufen hat, weil er „auf die Straß gepißt" (Z. 3f.) hat. Die empörte Reaktion des Doctors erklärt sich aus dessen Lebenseinstellung, die sich an dem Ethos der Freiheit des Menschen, gründend auf seine Vernunft, orientiert. Als Woyzeck beim Versuch der Rechtfertigung, bei dem er sich auf die „Natur" (Z. 7) beruft, seinen labilen psychischen Zustand genauer beschreibt, diagnostiziert der Doctor „die schönste aberratio mentalis partialis" (Z. 45f.)

Inhaltliche Zusammenfassung

und verspricht, erfreut über die ausgeprägten Symptome, eine finanzielle Zulage.

Um die Bedeutung der Szene im Gesamtzusammenhang des Dramas zu erfassen, werden der Inhalt und die verwendete Sprache in den einzelnen Sinnabschnitten genauer beleuchtet.

Strukturierung des Inhalts

Die Szene lässt sich inhaltlich in vier Abschnitte gliedern. Der erste Abschnitt, der mit den Worten des Doctors: „Die Welt wird schlecht, sehr schlecht" (Z. 5f.) endet, gibt eine kurze Beschreibung der Situation. Im zweiten Abschnitt rechtfertigt sich Woyzeck für sein Verhalten. Woyzecks Ausführungen und die Reaktion des Doctors verdeutlichen die unterschiedlichen weltanschaulichen Positionen. Der dritte Teil beginnt mit dem philosophierenden Woyzeck und endet mit den Worten: „Wer das lesen könnt." (Z. 43f.). Dieser Abschnitt illustriert Woyzecks psychischen Verfall. Im letzten Sinnabschnitt diagnostiziert der Doctor Woyzecks Zustand, wobei seine Haltung gegenüber dem Menschen an sich gekennzeichnet wird.

Erster Sinnabschnitt

Als Woyzeck im ersten Abschnitt beim Doctor erscheint, klärt ihn dieser über sein Fehlverhalten auf; dabei wird die Bezahlung, „zwei Groschen täglich" (Z. 4f.) erwähnt. Hieraus wird die grundlegende Abhängigkeit Woyzecks vom Doctor klar. Als sein Geldgeber ist der Doctor eine maßgebende Autorität, von der er abhängig ist. Diese Abhängigkeit hat sich in dem schriftlichen Akkord (vgl. Z. 21) manifestiert. Das zwischen beiden herrschende Hierarchiegefälle spielt der Doctor auch sofort verbal aus. Entwürdigend wirft er Woyzeck vor, er hätte „an die Wand gepißt wie ein Hund" (Z. 4). Dieses Verhalten Woyzecks nennt er „schlecht" (Z. 5), aus solchem Verhalten glaubt er folgern zu können, dass die Welt schlecht (Z. 5f.) wird. Im Zusammenhang gesehen implizieren die Worte des Doctors die Vorstellung, dass so ein Verhalten nicht nur ein Beispiel, sondern sogar die Ursache des moralischen Verfalls sei. Seine weitausholenden Worte werden als Druckmittel benutzt, um den sozial Schwächeren in die Schranken des Gehorsams zu weisen.

Zweiter Sinnabschnitt

Hier beginnt der zweite Abschnitt mit Woyzecks zaghafter Rechtfertigung, die „Natur" habe ihn überkommen. Der Doctor reagiert darauf empört. Nach eigener Beweisführung geht er von der „Freiheit" des Menschen aus, die so weit reicht, dass der Verstand sogar die Triebe beherrscht. Dass es ihm dabei nicht wirklich auf Kommunikation mit Woyzeck ankommt, wird durch die häufige Benutzung von Fachbegriffen wie z. B. „musculus constrictor vesicae" (Z. 9) klar, die Woyzeck gar nicht verstehen kann. Doch gerade dadurch, aber auch mit inhaltslosem Philosophieren über die „Individualität" (Z. 11) suggeriert der Doctor seine Überlegenheit. Bald wechselt der Doctor wieder das Thema und fragt nach Woyzecks Erbsendiät. Doch ohne seine Antwort abzuwarten, spricht er weiter vom Ziel seiner ärztlichen Laufbahn und einer „Revolution der Wissenschaft", die er glaubt durch seine Forschungen auslösen zu können. Auch bei diesem Thema scheint dem Doctor an einer Weiterführung des Gesprächs nicht gelegen zu sein. Als er Woyzeck auffordert „muß Er nicht wieder pissen?" (Z. 17) und dieser ablehnt, reagiert der sich sonst sehr nüchtern gebende Doctor „mit Affect" (Z. 20), zügelt sich aber sogleich wieder und versucht, seine Wut zu unterdrücken. Verwundert über die eigene Reaktion, erklärt er, dass es ungesund und unwissenschaftlich sei, sich über einen Menschen zu ärgern. Damit gibt er zu verstehen, dass er Menschen nicht ernst nimmt, da dies der Wissenschaft schaden könnte. In seiner Werteordnung steht die Wissenschaft über dem Individuum, der Mensch dient ihm nur als Diagnose-Objekt.

Dritter Sinnabschnitt

Woyzeck leitet den dritten Sinnabschnitt ein, indem er wieder auf die Natur zu sprechen kommt. Doch nun meint er nicht mehr die Triebnatur, sondern die wahrnehmbare Natur, hinter der nach seiner Empfindung eine zweite steht. Diese „doppelte Natur" ist eine Projektion von Stimmen und apokalyptischen Bildern. Woyzeck sieht die „Welt in Feuer" (Z. 38) und Schwämme in Figuren wachsen (vgl. Z. 41f.). Diese anonyme Bedrohung steigert sich ins Unnennbare und ist nur noch in der neutralen Es-Form benennbar. Woyzecks Naturvisionen sind eine Folge des Außendrucks durch das Experiment des Doctors, der übermächtigen Umwelt, die sich in der gesellschaftlichen Hierarchie äußert, und der Bedrohung seiner Beziehung zu Marie, die sich durch ihren Treuebruch ergibt. Die Erregung Woyzecks spiegelt sich im Anakoluth (vgl. Z. 34) und der Ellipse (Z. 41) wider.

3

Vierter Sinnabschnitt

Im vierten Teil der Szene diagnostiziert der Doctor geradezu erfreut „die schönste aberratio mentalis partialis" (Z. 45f.). Die positiven Attribute, die er der Verwirrung Woyzecks beimisst, sprechen für eine Perspektive, die den Patienten – oder das Versuchsobjekt? – aus rein wissenschaftlich-profitorientierter Sicht wahrnimmt. Er unterscheidet bei seiner Diagnose die Krankheit und die scheinbare Normalität Woyzecks. Interessant ist, was der Doctor als „allgemein vernünftige[n] Zustand" (Z. 47f.) definiert: den Dienst beim Hauptmann und das Erbsenessen – also das Nachkommen der Verpflichtungen. Das, was tatsächlich in der Situation Woyzecks vernünftiges Handeln wäre, wird gar nicht in Betracht gezogen. Die sichtliche Erheiterung über das Krankheitsbild beinhaltet die bewusste Preisgabe des Menschen Woyzeck zugunsten der Wissenschaft und der eigenen Karriere. Der Doctor spricht konkret aus, was dieser Patient in seinen Augen darstellt – einen „interessante[n] casus" (Z. 56), einen „Fall" also.

Soziale Gebundenheit der Figuren

Woyzecks Verdinglichung ist die Folge einer für eine bestimmte Gesellschaftsschicht typischen Einschätzung, nach der dem Menschen der Wert zugesprochen wird, den er als Profit einzubringen verspricht. Für Woyzeck bedeutet die Reduzierung seiner Menschlichkeit auf seinen Wert für die Umgebung (Doctor, Hauptmann, Marie) die Entfremdung von der Natur, seinem sozialen Umfeld und von sich selbst. Der Doctor ist in Büchners Drama ein Repräsentant des Bürgertums, das nur am eigenen Fortschritt und am materiellen Profit orientiert ist.

Woyzeck – das erste soziale Drama

„Woyzeck" war das erste Drama, in dem das Bürgertum derart kritisch dargestellt wurde und bei dem ein Antiheld aus dem Proletariat die Hauptfigur war. Mit realistischen Elementen in Thematik und Sprache war Büchner seiner Zeit weit voraus. Als eigenständige Gattung innerhalb des Dramas etablierte sich das „soziale Drama" oder „Milieudrama" aber erst im Naturalismus.

Zusammenfassung: Dramenanalyse

Der erste Zugang zu einem Dramenauszug:
- Genaues, mehrmaliges Lesen
- Anstreichen von Auffälligkeiten und unklaren Stellen
- Notieren von spontanen Einfällen zu Inhalt, Sprache, Situation, Autor usw.

Reflexion des Inhalts:
- Worum geht es? Was ist der Inhalt des Dramenauszugs? Welches Thema wird behandelt?

Klärung der Situation:
- Wer sind die handelnden Personen? Was erfährt man über sie? In welcher Beziehung stehen sie zueinander?
- Handelt es sich um Hauptpersonen oder um Nebenfiguren? Um Charaktere oder Typen?
- Warum sprechen sie miteinander?
- Wann spielt die Szene, wo spielt sie?
- In welchem Verhältnis stehen Ort und Zeit im Verhältnis zur Handlung?
- Was erfährt man aus dem Haupttext, was aus dem Nebentext?
- Aus welcher Stelle im gesamten Drama stammt der Textauszug?

Analyse der Form:
- In welche Sinnabschnitte kann der Dramenauszug eingeteilt werden?
- Welche Figur hat den höchsten Redeanteil? Wie ist das zu erklären?

Betrachtung der Sprache:
- Sprechen die Figuren eine einheitliche Sprache oder ist eine Differenzierung erkennbar?
- Gibt es Schlüsselwörter? Worauf deuten sie hin?
- Herrschen Monologe oder Dialoge vor? Welche Funktion haben sie?
- Welche sprachlichen Mittel bzw. welche rhetorischen Figuren sind auffällig?
- Was lässt sich über die Satzgestaltung bzw. die Satzarten aussagen? Gibt es auffallende Änderungen oder Brüche?

Analyse der Handlung:
- Liegt ein Konflikt vor? Wenn ja, welcher?
- Oder dient der Textauszug der Reflexion?
- Welche Positionen nehmen die Personen ein?
- Welchen Verlauf nimmt die Handlung?
- Welches Ergebnis zeigt sich in diesem Textauszug? Wie ist dieses zu bewerten?

Abschließend:
- Welches Problem ist im vorliegenden Textauszug dargestellt? Gibt es eine Lösung?
- Wie verbleiben die Personen miteinander? Gibt es einen Gewinner und einen Verlierer?
- Welche Folge hat dies (möglicherweise) für die Handlung des gesamten Dramas?
- In welche Epoche kann man das Drama einordnen?
- Welchem Typus gehört das Drama an?
- Wer ist der Autor des Dramas? In welchem Zusammenhang zu seinem Werk steht es?
- Ist das dargestellte Problem, der Konflikt oder die Lösung zeittypisch?

Prosa

4

Ein Mann hat eine Erfahrung gemacht, jetzt sucht er die Geschichte dazu – man kann nicht leben mit einer Erfahrung, die ohne Geschichte bleibt, scheint es, und manchmal stelle ich mir vor, ein anderer habe genau die Geschichte meiner Erfahrung...

Max Frisch, Mein Name sei Gantenbein

4 Prüfungswissen: Was ist ein erzählender Text?

Erzählende Texte, Prosatexte begegnen uns überall: In Tageszeitungen und Zeitschriften, in Erzählungen, Kurzgeschichten und Romanen. Prosatexte sind in ungebundener Sprache, also nicht in Versform geschrieben. Die Prosaform hat aber erst allmählich die Versform abgelöst.

In der griechischen und römischen Antike war es üblich, Romane in Versform zu schreiben. Auch alle höfischen Epen des Mittelalters liegen nur in Versform vor. Erst an der **Wende zur Neuzeit**, als es mehr Menschen gab, die lesen konnten, begann man in Prosa zu schreiben.

Beispiele:
Homer: Ilias, Odyssee,
Hartmann von Aue:
Erec, Iwein, Wolfram von
Eschenbach: Parzival

Das Volksbuch von Dr. Faust

Die ersten volkstümlichen Romane, **Volksbücher** genannt, die im 14. und 15. Jahrhundert entstanden sind, wurden dann in Prosa abgefasst.

Erst seit dem **18. Jahrhundert** ist es üblich geworden, Romane in Prosa zu schreiben. Seither wird auch die Prosaform, die bis dahin nur für wissenschaftliche Zwecke verwendet wurde, als literarische Gattung geschätzt.

Goethes Die Leiden des jungen Werthers (1774) war der erste Prosaroman, der zum Bestseller wurde.

Mitte des 19. und im 20. Jahrhundert wurde die **Prosa zur literarischen Hauptgattung**: Bestsellerromane erreichen eine Auflage von mehreren Millionen Exemplaren, sie werden in der Schule gelesen, analysiert und interpretiert und in Fernsehsendungen besprochen.

Prosatexte zeigen besondere Kennzeichen:
- Es gibt einen **Erzähler**, der nicht mit dem Autor identisch ist.
- Die **Erzählhaltung** differiert zwischen auktorial, personal und neutral, je nachdem wie stark sich der Autor in seine Erzählerfigur versetzt.
- Prosatexte sind weitgehend der gesprochenen Sprache angepasst, trotzdem lassen sich **stilistische Mittel** und **sprachliche Besonderheiten** feststellen, die die Texte charakterisieren.
- Neben der **Handlungsebene** gibt es in literarischen Prosatexten auch eine **Sinnebene**, die erschlossen werden muss.
- Literarische Prosatexte erschließen sich oft über die verwendeten **Motive**.

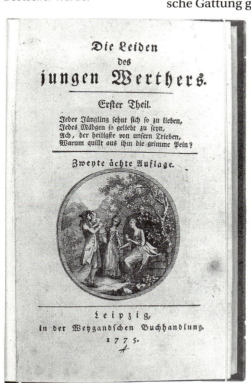

Titelblatt Die Leiden des jungen Werthers

4.1 Erzähler und Erzählerstandpunkt

Autor und Erzählerrolle

Epische Texte sind literarische Texte und keine private Äußerung des **Autors** oder **Schriftstellers**. Darin gleichen sie lyrischen und dramatischen Texten. Zur Darstellung des Geschehens wird eine Erzählerfigur vorgeschoben, die die Gedanken des Autors ausdrücken kann, aber nicht muss. Oft äußern die Erzählerfiguren das Gegenteil von dem, was der Schriftsteller denkt, oft sind die **Erzähler** anderen Geschlechts als ihre Schöpfer, die Autoren: Weibliche Autoren erfinden männliche Erzähler, männliche Autoren weibliche. Selbst ein Ich-Erzähler darf nicht mit dem Autor gleichgesetzt werden.

Beispiele für den Wechsel der Geschlechterrolle: Judith Hermann in der Erzählung Sonja aus Sommerhaus, später oder Christoph Hein in Der fremde Freund / Drachenblut

Folgendes Schaubild verdeutlicht die Unterschiede zwischen Autor und Erzähler:

Der Autor	Der Erzähler
• eine real existierende Person • identisch mit dem Verfasser, Schriftsteller • entscheidet sich für eine Geschichte, einen Stoff, den er (oder sie) erzählen will • drückt möglicherweise seine Wertvorstellungen, Gefühle, Vorlieben und Abneigungen in seiner Geschichte aus • *Beispiel:* Max Frisch als Autor des Romans Homo faber	• vom Autor erfunden, wird oft namentlich nicht genannt • Bestandteil des Textes, gibt die Geschichte aus seiner Perspektive wieder • seine Wertvorstellungen, Gefühle, Vorlieben und Abneigungen dürfen nicht mit denen des Autors gleichgesetzt werden • *Beispiel:* Walter Faber, der Ich-Erzähler in Max Frischs Roman Homo faber

Im 17., 18. und noch im 19. Jahrhundert existierte ein allgemein gültiger Wertekanon, der gesellschaftlich verbindlich war. Die Autoren konnten ihre Erzählerfiguren dementsprechend anlegen. Sollte der Erzähler diese allgemein akzeptierten Wertvorstellungen repräsentieren oder sollte er aus der Position des Außenseiters erzählen, der diesen Wertekanon ignoriert oder ihn negiert?
Im 20. Jahrhundert ist ein Wandel in der **Rolle des Erzählers** feststellbar: Da ein gesellschaftlich verbindlicher Wertekanon nicht

Vgl. den kirchlichen Proteststurm, den Goethes Werther dadurch ausgelöst hat, dass der Selbstmord der männlichen Hauptfigur nicht ausdrücklich als unchristlich getadelt wurde.

4

Der Roman Die Blechtrommel von Günter Grass, in dem die Hauptfigur Oskar Matzerath mit drei Jahren beschließt, sein Wachstum (und damit seine körperliche Entwicklung) einzustellen und fortan die Welt aus Kinderaugen zu betrachten.

mehr existiert, drücken die Erzählerfiguren meist nur noch die ihnen zugeschriebene Meinung – die nicht mit der des Autors identisch sein muss – aus.

Dieser Wandel ist bedingt durch eine veränderte Selbsteinschätzung der Autoren: Kaum eine Schriftstellerin oder ein Schriftsteller sehen sich in unserer komplexen Welt noch in der Lage, allgemein gültige Werturteile abzugeben. Bildungs- und Entwicklungsromane, die Hauptgattungen epischer Dichtung im 18. und 19. Jahrhundert, kommen im 20. Jahrhundert meist nur noch als „Anti-Bildungs-" und „Anti-Entwicklungsromane" vor.

Ich-Erzähler und Er/Sie-Erzähler

Jede Erzählung ist aus einer bestimmten Erzählhaltung geschrieben, für die sich der Autor aus ganz bestimmten Gründen entscheidet. Entweder er setzt einen Erzähler ein, der aus einer Ich-Perspektive schreibt, oder er lässt eine Figur in der dritten Person Singular (er, sie) zu Wort kommen.

Wählt der Autor die **Ich-Perspektive**, lässt er den Leser ganz unmittelbar an den Erlebnissen des Ich-Erzählers teilhaben. Er schränkt damit aber den Gesichtskreis des Erzählers ein; dieser sieht andere Figuren nur aus einer Außenperspektive, er kann nicht in sie hineinsehen, z. B. ihre Gedanken kennen und wiedergeben:

Benjamin von Stuckrad-Barre (geb. am 27. Januar 1975 in Bremen) zählt zu den Protagonisten der jungen deutschen Popliteratur. Er ist als Journalist, Fernseh- und Musikkritiker tätig, sein Debütroman Soloalbum erschien im Jahr 1998.

Seit Monaten – ach, seit Jahren (das Ganze dauerte ja insgesamt 4 Jahre!) – wurde die Zweisamkeit wechselseitig immer wieder vernachlässigt, ausgesetzt, beendet und so weiter. Ich habe sie betrogen, ich habe mich anderweitig umgeschaut, mich nicht um sie gekümmert, schubweise dann wieder sehr – jedenfalls war es nie ganz zu Ende. Nun ist es das. Und zwar für immer und endgültig und nichts da mit nochmalversuchen, sondern viel schlimmer: *Laß uns irgendwie Freunde bleiben.*
(Benjamin von Stuckrad-Barre, Soloalbum)

Möglicherweise setzt der Autor einen **Er/Sie-Erzähler** ein. Dieser ist nicht in die erzählte Welt integriert, er steht außerhalb und beschreibt die Erlebnisse anderer. Er kann oft in die anderen Figuren hineinsehen und auch über deren Gedanken berichten. Oft tritt der Er/Sie-Erzähler völlig hinter dem Geschehen zurück, sodass dem Leser seine Existenz kaum bewusst wird:

Sten Nadolny (geb. am 29. Juli 1942 in Zehdenick an der Havel) erzählt in

John Franklin war schon zehn Jahre alt und noch immer so langsam, daß er keinen Ball fangen konnte. Er hielt für die anderen die Schnur. Vom tiefsten Ast des Baums reichte sie herüber bis in seine

emporgestreckte Hand. Er hielt sie so gut wie der Baum, er senkte den Arm nicht vor dem Ende des Spiels. Als Schnurhalter war er geeignet wie kein anderes Kind…
(Sten Nadolny, Die Entdeckung der Langsamkeit)

Ich-Erzähler	Er/Sie-Erzähler
• 1. Person Singular • Eigenständige Figur, die in der Welt der Erzählung greifbar ist. • Blickwinkel des Erzählers ist auf den eigenen Gesichtskreis beschränkt. • Andere Figuren werden aus einer Außenperspektive dargestellt (ihre Gefühle und Gedanken kann das Erzähler-Ich nur erahnen).	• 3. Person Singular • Erzählfigur, die zum Personal des Erzähltextes gehören kann, aber nicht muss. • Wenn der Erzähler außerhalb des Textes situiert ist, kann er unter Umständen aus einer „allwissenden" Perspektive selbst nur Gedachtes berichten (Innenperspektive).

seinem Roman Die Entdeckung der Langsamkeit (1983) die Geschichte des britischen Seeoffiziers und Entdeckers der Nordwestpassage John Franklin (1786–1847).

Franz K. Stanzel hat diese Möglichkeiten des Erzählens systematisiert. Er spricht dabei von Erzählsituationen.

Auktoriales, personales und neutrales Erzählverhalten

Der Autor setzt nicht nur eine Erzählerfigur ein und legt deren Perspektive fest. Er entscheidet auch, aus welchem **Blickwinkel** der Erzähler die Handlung wiedergibt:
- Erzählt er als jemand, der dabei war?
- Oder erzählt er als Beobachter aus weiter Ferne?
- Hat er womöglich so viel Distanz zum Geschehen, dass er mit dem Geschehen spielerisch umgehen und es wiedergeben kann, wie es ihm sinnvoll erscheint?

Egal, ob ein Ich- oder Er/Sie-Erzähler existiert, folgendes Erzählverhalten kann erkennbar sein:

Erzählverhalten	Beschreibung
auktorial	Ein vom Geschehen unabhängiger Erzähler, der kommentierend und wertend in die Handlung eingreift *Beispiel:* „Damit haben wir unseren Mann glücklich nach Berlin gebracht. Er hat seinen Schwur getan, und es ist die Frage, ob wir nicht einfach aufhören sollen." *(Alfred Döblin, Berlin Alexanderplatz)*

Matias Martinez und Michael Scheffel, Einführung in die Erzähltheorie, München: Beck 1999, verwenden statt des Begriffs Erzählverhalten den Begriff „Fokalisierung". Sie unterscheiden dabei zwischen:
- *Nullfokalisierung (Übersicht): Der Erzähler weiß bzw. sagt mehr, als irgendeine der Figuren weiß bzw. wahrnimmt.*
- *Interne Fokalisierung (Mitsicht): Der Erzähler sagt nicht mehr, als die Figur weiß.*
- *Externe Fokalisierung (Außensicht): Der Erzähler sagt weniger, als die Figur weiß.*

personal	Der Erzähler steht scheinbar mitten im Geschehen, er nimmt die Sichtweise einer oder mehrerer Figuren ein. Der Leser nimmt das Geschehen aus der Perspektive dieser Figur(en) wahr. *Beispiel:* „An der Haltestelle Lothringer Straße sind eben eingestiegen in die 4 vier Leute, zwei ältliche Frauen, ein bekümmerter einfacher Mann und ein Junge mit Mütze und Ohrenklappe. Die beiden Frauen gehören zusammen, es ist Frau Plück und Frau Hoppe." *(Alfred Döblin, Berlin Alexanderplatz)*
neutral	Der Erzähler verzichtet auf jede individuelle Sichtweise, scheinbar objektive Wiedergabe der Geschehnisse. *Beispiel:* „Ein Herr in Hemdsärmeln kommt vom Billardtisch, tippt dem Jungen auf die Schulter: 'Eine Partie?' Der Ältere für ihn: 'Er hat einen Kinnhaken weg.'" *(Alfred Döblin, Berlin Alexanderplatz)*

Folgendes Schaubild veranschaulicht die Beziehungen zwischen Erzähler, Erzählperspektive und Erzählverhalten:

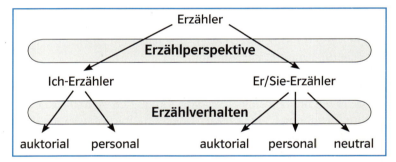

Innen- und Außenperspektive

Der Autor trifft noch eine weitere Entscheidung, die allerdings schon durch die Festlegung des Erzählers und des Erzählverhaltens vorbestimmt ist: Soll die Handlung aus der Innen- oder der Außenperspektive erzählt sein?

Wird eine Geschichte aus der **Innenperspektive** (z. B. durch einen Ich-Erzähler) wiedergegeben, sind Erzähler und Leser am Geschehen so nahe dran, dass möglicherweise jede Distanz zum dargebotenen Stoff fehlt. Gefühle und Empfindungen werden dadurch unmittelbar erfahrbar:

„Ah, da liegen ja die Zeitungen ... schon heutige Zeitungen? ... Ob schon was drinsteht? ... Was denn? - Mir scheint, ich will nachseh'n, ob drinsteht, dass ich mich umgebracht hab'! Haha! - Warum steh' ich denn noch immer? ... Setzen wir uns da zum Fenster ..."
(Arthur Schnitzler, Leutnant Gustl)

Die **Außenperspektive** beschreibt einen Standort, von dem der Leser – gelenkt durch die Erzählerfigur – auf das Geschehen blickt. Dadurch ergibt sich eine Distanz zum Erzählten, die so groß sein kann, dass von der Geschichte, die erzählt werden soll, kaum noch die Rede ist, sondern z. B. Betrachtungen über das Erzählen und die damit verbundenen Schwierigkeiten angestellt werden:

Arthur Schnitzler, 1862–1931

„Indem ich die Feder ergreife, um in völliger Muße und Zurückgezogenheit – gesund übrigens, wenn auch müde, sehr müde (so daß ich wohl nur in kleinen Etappen und unter häufigem Ausruhen werde vorwärtsschreiten können), indem ich mich also anschicke, meine Geständnisse in der sauberen und gefälligen Handschrift, die mir eigen ist, dem geduldigen Papier anzuvertrauen, beschleicht mich das flüchtige Bedenken, ob ich diesem geistigen Unternehmen nach Vorbildung und Schule denn auch gewachsen bin."
(Thomas Mann, Bekenntnisse des Hochstaplers Felix Krull)

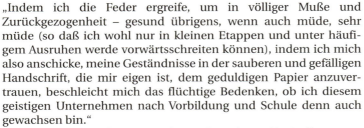

Thomas Mann, 1875–1955

Erzählerrede und Figurenrede

Beim Lesen eines Dramas ist ganz klar, wer gerade spricht: Die Sprecher sind am Zeilenanfang zu Beginn ihrer Rede genannt. In erzählenden Werken ist die **Sprechsituation** nicht so einfach zu durchschauen, es lässt sich jedoch das, was der Erzähler äußert, unterscheiden von dem, was die Figuren sagen.

Die Erzählerrede umfasst alle Äußerungen des Erzählers, z. B.:

- **Bericht** als straffe Handlungswiedergabe
  Beispiel: Den 20. ging Lenz durch's Gebirg. Die Gipfel und hohen Bergflächen im Schnee, die Täler hinunter graues Gestein, grüne Flächen, Felsen und Tannen. Es war naßkalt, das Wasser rieselte die Felsen hinunter und sprang über den Weg. Die Äste der Tannen hingen schwer herab in die feuchte Luft. Am Himmel zogen graue Wolken, aber Alles so dicht, und dann dampfte der Nebel herauf und strich schwer und feucht durch das Gesträuch, so träg, so plump. Er ging gleichmäßig weiter, es lag ihm nichts am Weg, bald auf- bald abwärts.
  (Georg Büchner, Lenz)

Die Erzählerrede wird oft auch als Erzählerbericht bezeichnet.

Der Erzählerbericht zeichnet sich durch eine sachliche Darstellung aus.

4

Die szenische Darstellung in Prosatexten ähnelt dem Dialog im Drama.

- **Szenische Darstellung** zur unmittelbaren (evtl. zeitdeckenden) Wiedergabe von Handlung
  Beispiel: „Als Corinna wieder oben war, sagte sie: ‚Du hast doch nichts dagegen, Papa? Ich bin morgen bei Treibels zu Tisch geladen. Marcell ist auch da, und ein junger Engländer, der sogar Nelson heißt.'
  ‚Ich was dagegen? Gott bewahre. Wie könnt ich was dagegen haben, wenn ein Mensch sich amüsieren will. Ich nehme an, du amüsierst dich.'
  ‚Gewiss amüsiere ich mich. Es ist doch mal etwas anderes….'"
  (Theodor Fontane, Frau Jenny Treibel)

Erzählerkommentare sind aus dem Text herauslösbar und unabhängig vom Werk als Zitate einsetzbar.

- **Kommentar** zu allgemeinen Fragen
  Beispiel: „Damit ein bedeutendes Geistesprodukt auf der Stelle eine breite und tiefe Wirkung zu üben vermöge, muß eine geheime Verwandtschaft, ja Übereinstimmung zwischen dem persönlichen Schicksal seines Urhebers und dem allgemeinen des mitlebenden Geschlechtes bestehen. Die Menschen wissen nicht, warum sie einem Kunstwerke Ruhm bereiten. Weit entfernt von Kennerschaft, glauben sie hundert Vorzüge daran zu entdecken, um so viel Teilnahme zu rechtfertigen; aber der eigentliche Grund ihres Beifalls ist ein Unwägbares, ist Sympathie."
  (Thomas Mann, Der Tod in Venedig)

Die Reflexion des Erzählers wirkt wie eine Unterbrechung der Erzählung.

- **Reflexion** zu allgemeinen Themen
  Beispiel: „Zwei junge Männer musterten mich; sie rührten sich nicht, als ich ihnen zunickte. Rückwege sind leichter. Auf einem Balkon krähte ein Hahn."
  (Adolf Muschg, Baiyun)

Die Beschreibung dient oft der Charakterisierung durch den Erzähler.

- **Beschreibung** einer Person, eines Ortes, einer Sache oder einer Situation, während die Handlung scheinbar stillsteht
  Beispiel: „Allsonntäglich saß der Bahnwärter Thiel in der Kirche zu Neu-Zittau, ausgenommen die Tage, an denen er Dienst hatte oder krank war und zu Bette lag. Im Verlaufe von zehn Jahren war er zweimal krank gewesen; das eine Mal infolge eines vom Tender einer Maschine während des Vorbeifahrens herabgefallenen Stückes Kohle, welches ihn getroffen und mit zerschmettertem Bein in den Bahngraben geschleudert hatte…"
  (Gerhart Hauptmann, Bahnwärter Thiel)

Die **Figurenrede** umfasst alle Äußerungen und Gedanken der vorkommenden Figuren, z. B.:

Die direkte Rede von Figuren im Prosatext gleicht dem Dialog im Drama.

- **direkte Rede**, die oft durch eine Redeankündigung (die so genannte inquit-Formel), Doppelpunkt und Anführungszeichen angekündigt wird

Beispiel: „Eben hatte sich Effi wieder erhoben, um abwechselnd nach links und rechts ihre turnerischen Drehungen zu machen, als die von ihrer Stickerei gerade wieder aufblickende Mama ihr zurief: „Effi, eigentlich hättest du doch wohl Kunstreiterin werden müssen. Immer am Trapez, immer Tochter der Luft."
(Theodor Fontane, Effi Briest)

- **indirekte Rede**, bei der der Erzähler die Äußerungen einer Figur unter Verwendung des Konjunktivs referiert
  Beispiel: „Dem gemäß beruhigte der Prinz den Kohlhaas über den Verdacht, den man ihm, durch die Umstände notgedrungen, in diesem Verhör habe äußern müssen; versicherte ihn, daß so lange er in Dresden wäre, die ihm erteilte Amnestie auf keine Weise gebrochen werden sollte."
  (Heinrich von Kleist, Michael Kohlhaas)

  Die Verwendung der indirekten Redewiedergabe ermöglicht dem Erzähler kommentierende Einschübe.

- **erlebte Rede** (3. Person Singular, Präteritum, Indikativ, Hauptsatzwortstellung; grammatikalisch nicht vom Erzählerbericht zu unterscheiden)
  Beispiel: „Sie setzte sich gegen die Kündigung nicht zur Wehr. Die einzigen, mit denen sie hätte sprechen können, waren ihre Genossen in der Redaktion. F. hatte sich nicht gemeldet. Sie wagte sich nicht schon wieder hin. Sie hatte ja begriffen, daß es eine 'geheime Sache' war."
  (Volker Braun, Unvollendete Geschichte)

  Die erlebte Rede verringert die Distanz des Lesers zu den Figuren und ermöglicht ihm einen Einblick in die Gedanken und Gefühle der Figur.

- **innerer Monolog** (1. Person Singular, Präsens, Indikativ)
  Beispiel: „sie sagn, daß es nicht stimmt, daß MICK kommt und die Schdons rocho aber ich weiß, daß es stimmt rochorepocho ICH hab MICK geschriebn und er kommt rochorepochopipoar."
  (Ulrich Plenzdorf, kein runter kein fern)

  Der Erzähler tritt völlig hinter die Figur zurück.

- **Bewusstseinsstrom** (engl. stream of consciousness) (die Gedanken, Gefühle und Sinneseindrücke werden so genau wie möglich wiedergegeben; grammatikalische und syntaktische Fehler werden deshalb beibehalten)
  Beispiel: „Der Schweiß auf seiner Stirn! Die Angst, wieder! Und plötzlich rutscht ihm der Kopf weg. Bumm, Glockenzeichen, Aufstehn, 5 Uhr 30, 6 Uhr Aufschluß, bumm bumm, rasch noch die Jacke bürsten, wenn der Alte revidiert, heute kommt er nicht. Ich wer bald entlassen. Pst du, heut nacht ist eener ausgekniffen, Klose, das Seil hängt noch draußen über die Mauer, sie gehen mit Polizeihunde."
  (Alfred Döblin, Berlin Alexanderplatz)

  Scheinbar assoziative Reihung von Gedanken-, Gefühls- und Eindruckssplittern, die eine vertiefte Innensicht ermöglicht.

4.2 Komposition epischer Texte

Anordnung der Erzählphasen

Nicht alle Handlungsteile sind gleich wichtig. Die Autoren müssen deshalb genau abwägen, welche Episoden sie in den Vordergrund rücken und ausführlich darstellen, welche sie eher nebenbei behandeln und welche sie ganz weglassen.
Die gleichgewichtige, chronologische Behandlung aller Erzählphasen führt zu einer **linearen Struktur**, bei der ein Ereignis (Episode) neben dem anderen steht.

> Episode 1 ⟶ Episode 2 ⟶ Episode 3 ⟶ Episode 4 ⟶ usw.

Denkbar ist auch, dass ein Autor zum Zweck der Spannungssteigerung einzelne Episoden besonders hervorhebt, andere vernachlässigt, z. B.:

> Episode 1 ⟶ fehlt ⟶ Episode 3 ⟶ Episode 4 ⟶ usw.

Auch ein **diskontinuierliches Erzählen** mit verdrehter Reihenfolge, also ein Abweichen von der Chronologie der Ereignisse, ist möglich:

> Episode 1 ⟶ Episode 5 ⟶ Episode 2 ⟶ Episode 4 ⟶ usw.

Damit kann ein Autor ganz besondere Wirkungen erzielen, z. B. Spannungssteigerung, Spannungsverzögerung, Vorwegnahme des Schlusses, Information des Lesers (im Gegensatz zur Information der Hauptfigur, etwa im Kriminalroman). Mittel des diskontinuierlichen Erzählens sind Vorausdeutungen, Rückblenden, Einschübe oder Auslassungen.

Handlungsstränge

In komplexen epischen Texten, z. B. in längeren Erzählungen und Romanen, gibt es verschiedene Handlungsstränge. Diese können parallel nebeneinander herlaufen, sie können aber auch unterschiedliches Gewicht haben und deshalb vom Autor bevorzugt behandelt oder vorübergehend vernachlässigt werden. Wenn dies der Fall ist, spricht man von **Haupt- und Nebenhandlungen**.

Beispiel: Die Haupthandlung in Max Frischs Roman „Homo faber" ist die Liebesbeziehung von Walter Faber zu seiner (ihm unbekannten) Tochter Elisabeth, eine Nebenhandlung ist die Bekannt-

Max Frisch, 1911–1991

schaft mit Joachim Henke. Dabei ist die Nebenhandlung nicht unwichtig, zeigt sie doch Fabers allgemeines Desinteresse an seinen Mitmenschen, die er auf ihre Funktion (bei Joachim Henke das Schachspielen) reduziert.

Für Haupt- und Nebenhandlungen gilt:
- sie stehen meist in einem engen Verhältnis zueinander,
- oft erläutern die Nebenhandlungen die Haupthandlung,
- oft ermöglichen die Nebenhandlungen die Vorgänge der Haupthandlung,
- manchmal dienen Nebenhandlungen der Charakterisierung der Figuren,
- Nebenhandlungen können auch als Kontrasthandlungen gestaltet sein.

Zusammengehalten werden die einzelnen Handlungsstränge, Haupt- und Neben- oder Kontrasthandlungen, oft durch eine Rahmenhandlung, besonders in Novellenzyklen.

z. B. Johann Wolfgang von Goethe, Die Unterhaltungen deutscher Ausgewanderten

Verknüpfung von Handlungsteilen

Um die einzelnen Episoden sinnvoll aneinander zu knüpfen, benützen die Autoren verschiedene Techniken. Möglich sind Verknüpfungen über:

- die **Hauptfigur**, **den Helden**, die in allen Handlungssträngen eine zentrale Rolle spielt. Dies ist eine sehr häufige Verknüpfungstechnik (auch im Trivialroman), die oft schon aus dem Titel ersichtlich ist.
  Beispiel: Karl May, Winnetou 1, Winnetou 2, Winnetou 3
- ein **Leitmotiv**. Dabei handelt es sich um ein Motiv oder einen Motivkomplex, der in allen Teilen des Erzähltextes eine wichtige Rolle spielt.
  Beispiel: der Tod (in der Novelle „Tod in Venedig" von Thomas Mann)
- ein **Dingsymbol**. Dabei handelt es sich um ein Lebewesen oder eine Sache, die eine symbolische Wirkung besitzen und im Erzähltext immer wieder an zentralen Stellen auftauchen.
  Beispiel: das Pferd (das für Flucht aus dem Alltag, einen neuen Lebensabschnitt usw. steht) in Martin Walsers Novelle „Ein fliehendes Pferd"
- Auch die **Montage** bzw. **Collage** von Elementen, die die Handlung bestimmen, können als Mittel der Verknüpfung verstanden werden. Besonders im modernen Roman finden sie Verwendung.
  Beispiel: Das Großstadt-Motiv wird durch die Montage von Elementen, die für Großstädte typisch sind, auf immer neue Weise hervorgehoben, z. B. durch Zitate von Zeitungsschlagzeilen, durch Reklametexte, durch Annoncen oder durch die Nennung von Straßennamen.

4 Innere und äußere Handlung

Im Roman der Gegenwart schildern die Autoren oft die Vorgänge in den Figuren (Gedanken, Gefühle, Motivation für ihr Tun usw.), also die innere Handlung. Doch auch die äußere Handlung, das Geschehen, das dem Text Spannung verleiht, ist wichtig.

Bis zum Beginn des 20. Jahrhunderts stand die Darstellung der äußeren Handlung im Vordergrund. Erst unter dem **Einfluss der Psychologie** begannen die Autoren sich für die Tiefenstruktur eines literarischen Textes, d. h. für die Bewusstseinslage der Figuren zu interessieren und diese zu beschreiben.

Der österreichische Arzt Sigmund Freud (1856–1939) beeinflusste als Begründer der Psychoanalyse die Literatur bis heute.

Äußere Handlung	Innere Handlung
Darstellung sichtbarer Vorgänge Darstellung der „Handlung", des „Plots"	Darstellung der geistigen, seelischen und moralischen Entwicklung einer Figur Darstellung des Themas, des Problems

- Die Höhepunkte der inneren und der äußeren Handlung müssen nicht zusammenfallen.
- Äußere und innere Handlung können sich ergänzen, gegenseitig erhellen oder im Kontrast zueinander stehen.

Besonders ausgeprägt ist die Darstellung der inneren Handlung in Arthur Schnitzlers Erzählung „Leutnant Gustl" (1900): Nach einem Konzert kommt es zwischen Leutnant Gustl und dem Bäckermeister Habetswallner zu einer kurzen, hitzigen Auseinandersetzung, bei der der Bäckermeister Gustl beleidigt. In seiner Ehre verletzt und ohne die Möglichkeit, „Satisfaktion" durch ein Duell zu fordern, sieht der Leutnant seinen Selbstmord als einzige Möglichkeit, nicht in „Schande" leben zu müssen. Als Gustl vom plötzlichen Herztod des Bäckers erfährt, empfindet er dies als „Mordsglück", da er weiterleben kann und seine Ehre vor der Gesellschaft unangetastet bleibt.

Schnitzler verwendet zur Darstellung der gedanklich-seelischen Vorgänge des Leutnants – seiner Befürchtungen, seiner Verzweiflung, schließlich seines Glücksgefühls – erstmals in der deutschen Literatur den **inneren Monolog**. Dieser ermöglicht eine vertiefte Innenschau unter Vernachlässigung der äußeren Handlung.

vgl. S. 109

4.3 Die Darstellung der Figuren

In Prosatexten handeln Figuren. Sind sie die Träger der Handlung, spricht man von Hauptfiguren, andernfalls treten sie nur als Nebenfiguren in Erscheinung. Von besonderer Wichtigkeit ist – wenn es ihn überhaupt gibt – der Held, in modernen Romanen oft der Antiheld. Wegen ihrer Bedeutung sollten die Figuren in jedem Prosatext genauer untersucht werden. Gefragt werden kann nach
- der **Figurenkonzeption**,
- der **Charakterisierung** und
- der **Personenkonstellation**.

Oft sind Prosatexte nach der Hauptfigur benannt; z.B. Wilhelm Meisters Lehrjahre (J. W. von Goethe), Effi Briest (Th. Fontane), Die Rote (A. Andersch), Homo faber (M. Frisch).

Konzeption der Figuren

Bei der Untersuchung der Figurenkonzeption kann folgenden Fragen nachgegangen werden:
- Wie ist die Hauptperson, wie sind die Nebenfiguren vom Autor angelegt? Das ist die Frage, wenn es um die Konzeption der Personen geht.
- Sind sie als Individuen angelegt, die sich im Verlauf der Handlung verändern? Sind die Figuren lern- und wandlungsfähig? Handelt es sich also um **statische** oder um **dynamische Persönlichkeiten**?
- Sind die Figuren mit vielen individuellen Eigenschaften ausgestattet oder sind sie auf wenige Merkmale reduziert? Handelt es sich um **komplexe Figuren** oder um **Typen**?
- Sind die Verhaltensweisen der Figuren nachvollziehbar oder sind sie für den Leser unverständlich? Handelt es sich also um **geschlossene** oder **offene Figuren**?

Mit dynamischen Figuren, die eine Entwicklung durchmachen, muss sich der Leser intensiver auseinander setzen als mit statischen Figuren oder Typen, die meist schnell in ihrer Konzeption erkannt sind.

Charakterisierung

Nicht alle Figuren, die in einer Erzählung oder in einem Roman auftreten, wirken auf den Leser gleichermaßen sympathisch. Das liegt nicht nur an den persönlichen Vorlieben des Lesers für bestimmte Verhaltensweisen, eine bestimmte Lebenseinstellung oder das Aussehen von anderen. Es liegt vor allem daran, wie dem Leser eine Figur nahe gebracht und beschrieben wird, mit welchen Attributen sie ausgestattet und wie sie charakterisiert ist.

Charakterisierungen von Figuren können sehr detailliert sein. Der Leser kann Einzelheiten erfahren zu
- **dem Äußeren der Figur**, z. B. Geschlecht, Alter, Aussehen, Körperbau, Größe, Frisur, Haarfarbe, Kleidung,

- **sozialen Merkmalen**, z. B. soziale Herkunft, Schullaufbahn, Ausbildung, Beruf, soziale Stellung, gesellschaftliche Beziehungen, soziale Integration,
- **individuellen Besonderheiten**, z. B. Sprechweise, auffällige Gewohnheiten, typische Verhaltensmuster, ungewöhnliche Gestik, Mimik oder Körpersprache.

Die Charakterisierung einer Figur kann auf verschiedene Arten erfolgen:

Direkte Charakterisierung:

Die direkte Charakteristik kommt entweder in der Außenperspektive (durch den auktorialen Erzähler) oder in der Innenperspektive (durch die Figur selbst oder durch andere Figuren) vor.

• durch den Erzähler, der sie vorstellt, beschreibt, ihr Verhalten bewertet, ihre Beziehung zu anderen Figuren erläutert, ihre intellektuellen Fähigkeiten und ihre emotionalen Kräfte einschätzt usw.	„Die Dauer der Vernehmungen ließ sich daraus erklären, daß Katharina Blum mit erstaunlicher Pedanterie jede einzelne Formulierung kontrollierte, sich jeden Satz, so wie er ins Protokoll aufgenommen wurde, vorlesen ließ. Z. B. die im letzten Abschnitt erwähnten Zudringlichkeiten waren erst als Zärtlichkeiten ins Protokoll eingegangen bzw. zunächst in der Fassung, ‚daß die Herren zärtlich wurden'; wogegen sich Katharina Blum empörte und energisch wehrte". (Heinrich Böll, Die verlorene Ehre der Katharina Blum)
• durch die Darstellung des Äußeren (Aussehen, Körperbau, Kleidung, Frisur, Gesamteindruck)	„Denke Dir einen großen breitschultrigen Mann mit einem unförmlich dicken Kopf, erdgelbem Gesicht, buschigten grauen Augenbrauen, unter denen ein Paar grünliche Katzenaugen stechend hervorfunkeln, großer, starker über die Oberlippe gezogener Nase. Das schiefe Maul verzieht sich oft zum hämischen Lachen; dann werden auf den Backen ein paar dunkelrote Flecke sichtbar und ein seltsam zischender Ton fährt durch die zusammengekniffenen Zähne." (E. T. A. Hoffmann, Der Sandmann)
• durch andere Figuren, die über sie sprechen, sie loben, kritisieren, mit anderen vergleichen, bewerten, ihre Verhaltensweisen nachahmen, ihre Gefühle respektieren bzw. ignorieren usw.	„So erschrak ich, als ich Königin Merope sah. Daß sie wortlos neben König Kreon saß, daß sie ihn zu hassen, er sie zu fürchten schien, das konnte jeder sehen, der Augen im Kopf hatte." (Christa Wolf, Medea. Stimmen)

• durch Selbstäußerungen – entweder in Worten oder durch Gedankenwiedergabe (z. B. durch inneren Monolog oder Bewusstseinsstrom)	„Ich habe mich schon oft gefragt, was die Leute eigentlich meinen, wenn sie von Erlebnis reden. Ich bin Techniker und gewohnt, die Dinge zu sehen, wie sie sind. Ich sehe alles, wovon sie reden, sehr genau; ich bin ja nicht blind. Ich sehe den Mond über der Wüste von Tamaulipas – klarer als je, mag sein, aber eine errechenbare Masse, die um unseren Planeten kreist, eine Sache der Gravitation, interessant, aber wieso ein Erlebnis?" *(Max Frisch, Homo faber)*

Indirekte Charakterisierung:

• durch die Beschreibung des Verhaltens	„Der Wanderer nahm schnell seine Mütze vom Kopfe und machte ehrfurchtsvolle, ja furchtsame Verbeugungen, von Rot übergossen. Denn eine neue Wendung war eingetreten, ein Fräulein beschritt den Schauplatz der Ereignisse. Doch schadete ihm seine Blödigkeit und übergroße Ehrerbietung nichts bei der Dame; im Gegenteil, die Schüchternheit, Demut und Ehrerbietung eines so vornehmen und interessanten jungen Edelmanns erschien ihr wahrhaft rührend, ja hinreißend." *(Gottfried Keller, Kleider machen Leute)*
• durch die Beschreibung besonderer Eigenheiten	„Allsonntäglich saß der Bahnwärter Thiel in der Kirche zu Neu-Zittau, ausgenommen die Tage, an denen er Dienst hatte oder krank war und zu Bette lag. Im Verlaufe von zehn Jahren war er zweimal krank gewesen; das eine Mal infolge eines vom Tender einer Maschine während des Vorbeifahrens herabgefallen Stückes Kohle, welches ihn getroffen und mit zerschmettertem Bein in den Bahngraben geschleudert hatte; das andere Mal einer Weinflasche wegen, die aus dem vorüberrasenden Schnellzuge mitten auf seine Brust geflogen war. Außer diesen beiden Unglücksfällen hatte nichts vermocht, ihn, sobald er frei war, von der Kirche fern zu halten." *(Gerhart Hauptmann, Bahnwärter Thiel)*
• durch die Charakterisierung durch andere Figuren	„Das Rad an meines Vaters Mühle brauste und rauschte schon wieder recht lustig, der Schnee tröpfelte emsig vom Dache, die Sperlinge zwitscherten und tummelten sich dazwischen; ich saß auf der Tür-

Die indirekte Charakterisierung erfolgt durch den Erzähler oder durch das Handeln oder Verhalten einer Figur.

4

> schwelle und wischte mir den Schlaf aus den Augen, mir war so recht wohl in dem warmen Sonnenscheine. Da trat der Vater aus dem Hause; er hatte schon seit Tagesanbruch in der Mühle rumort und die Schlafmütze schief auf dem Kopfe, der sagte zu mir: ‚Du Taugenichts! da sonnst du dich schon wieder und dehnst und reckst dir die Knochen müde, und läßt mich alle Arbeit allein tun. Ich kann dich hier nicht länger füttern. Der Frühling ist vor der Türe, geh auch einmal hinaus in die Welt und erwirb dir selber dein Brot.' – ‚Nun', sagte ich, ‚wenn ich ein Taugenichts bin, so ist's gut, so will ich in die Welt gehen und mein Glück machen'.
> *(Joseph von Eichendorff, Aus dem Leben eines Taugenichts)*

Personenkonstellation

Die Figuren in literarischen Texten stehen nicht isoliert da. Ähnlich wie Menschen im wirklichen Leben befinden sie sich in einem **Geflecht von Beziehungen und Abhängigkeiten**, sei es durch ihren Beruf oder ihre gesellschaftlichen oder privaten Beziehungen. Doch welche Beziehungen sind das? Das folgende Schaubild soll dies verdeutlichen:

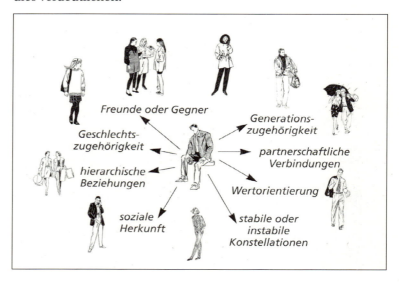

4.4 Bedeutung der Zeit und Zeitgestaltung

Der Begriff Zeit hat im Hinblick auf literarische Texte eine mehrfache Bedeutung: Wann wurde der Text verfasst? Welche Rolle spielt die Entstehungszeit für den Text? Wann wird der Text rezipiert? Wie prägt die Zeit, in der er gelesen wird, das Verständnis?
Diese Fragen müssen anhand eines vorliegenden Textes konkret beantwortet werden.
Hier wird der Frage nachgegangen, welche Zeit in einem Text dargestellt wird. Sie ist gleichsam die Folie, vor der sich die Handlung abspielt, und deshalb für die Interpretation von besonderer Bedeutung.
Daneben arrangiert der Autor die Zeit in seinem Text. Wie er das tut, ist eine Frage der Erzähltechnik: Erzählt er linear, chronologisch, gibt es Zeitsprünge, was wird ausführlich erzählt, was weggelassen?

Man kann unterscheiden nach:
- *historischer Zeit,*
- *Tages- oder Jahreszeit,*
- *Lebensphase einer Figur*

Anfang und Schluss

Jede Geschichte, die ein Autor beschreibt, ist ein Ausschnitt aus einer realen oder erdachten Welt. Doch dieser Ausschnitt kann nicht willkürlich gewählt werden, deshalb muss der Autor seine Geschichte konzipieren. Er muss einen passenden Anfang finden, der seinen Intentionen gerecht wird. Soll der Leser gefesselt oder überrascht, mit scheinbar Bekanntem oder mit völlig Neuem konfrontiert werden? Soll er erst langsam an die Handlung herangeführt werden oder soll der Text mitten im Geschehen einsetzen?

Typische Anfangssituationen		
Vorwort	In einem Vorwort führt der Erzähler oft zu seiner Geschichte hin, etwa indem er die Themenwahl begründet.	„Dies ist ein aufrichtiges Buch, Leser, es warnt dich schon beim Eintritt, daß ich mir darin kein anderes Ende vorgesetzt habe als ein häusliches und privates... *(Max Frisch, Montauk)*
Chronologische Entfaltung des Geschehens von seinem Anfang an	In chronologisch erzählten Geschichten nimmt sich der Erzähler meist ganz zurück und lässt scheinbar der Handlung ihren Lauf.	„Im achtzehnten Jahrhundert lebte in Frankreich ein Mann, der zu den genialsten und abscheulichsten Gestalten dieser an genialen und abscheulichen Gestalten nicht armen Epoche gehörte." *(Patrick Süskind, Das Parfum)*

Einstieg mitten im Geschehen	Setzt eine Geschichte mitten im Geschehen ein, soll damit oft Spannung erzeugt werden.	„Wir kommen aus der Großen Stadt. Wir sind die ganze Nacht gereist. Unsere Mutter hat rote Augen. Sie trägt einen großen Karton und jeder von uns beiden einen kleinen Koffer mit seinen Kleidern, außerdem das große Wörterbuch unseres Vaters, das wir uns weitergeben, wenn unsere Arme müde sind." *(Agota Kristof, Das große Heft)*
Einstieg vom Ende der Geschichte her	Wird eine Geschichte vom Ende her erzählt, wird der Leser neugierig gemacht: Er stellt sich die Frage: Wie konnte es so weit kommen?	„Zugegeben: ich bin Insasse einer Heil- und Pflegeanstalt, mein Pfleger beobachtet mich, läßt mich kaum aus dem Auge; denn in der Tür ist ein Guckloch, und meines Pflegers Auge ist von jenem Braun, welches mich, den Blauäugigen, nicht durchschauen kann." *(Günter Grass, Die Blechtrommel)*

Genauso sorgfältig muss der Schluss eines Erzähltextes geplant werden; auf ihn fiebern viele Leser hin, er bleibt oft am längsten in Erinnerung.

Typische Schlusssituationen		
Geschlossenes Ende	Das geschlossene Ende findet sich meist in traditionell erzählten, chronologisch aufgebauten Erzähltexten. Es rundet den Text ab.	„Sie lächelte still und sah mich recht vergnügt und freundlich an, und von fern schallte immerfort die Musik herüber, und Leuchtkugeln flogen vom Schloß durch die stille Nacht über die Gärten, und die Donau rauschte dazwischen herauf – und es war alles, alles gut!" *(Joseph von Eichendorff, Aus dem Leben eines Taugenichts)*
Erwartetes Ende	Das erwartete Ende löst die Spannung und entwirrt die Handlungsstränge.	„Hanna hat schon immer gewußt, daß ihr Kind sie einmal verlassen wird; aber auch Hanna hat nicht ahnen können, daß Sabeth auf dieser Reise gerade ihrem Vater begegnet, der alles zerstört – 08.05 Uhr Sie kommen." *(Max Frisch, Homo faber)*
Überraschendes Ende	Das überraschende Ende soll den Leser aufrütteln, zum Nachdenken bewegen.	„‚Wir können nicht mehr miteinander sprechen' sagte Herr K. zu einem Mann. ‚Warum?' fragte der erschrocken. ‚Ich bringe in Ihrer Gegenwart nichts Vernünftiges hervor!' beklagte sich Herr K. ‚Aber das macht mir doch nichts', tröstete ihn der andere. – ‚Das glaube ich', sagte Herr K. erbittert, ‚aber mir macht es etwas'". *(Bertolt Brecht, Gespräche)*

Offenes Ende	Das offene Ende will den Leser unbefriedigt zurücklassen. Er soll darüber nachdenken, welches Ende, welche Lösung möglich wäre.	„Es geht mir gut. Heute rief Mutter an, und ich versprach, bald vorbeizukommen. Mir geht es glänzend, sagte ich ihr…Ich habe einen hervorragenden Frauenarzt, schließlich bin ich Kollegin. Und ich würde, gegebenenfalls, in eine ausgezeichnete Klinik, in die beste aller möglichen Heilanstalten eingeliefert werden, ich wäre schließlich auch dann noch Kollegin… Alles was ich erreichen konnte, habe ich erreicht. Ich wüsste nichts, was mir fehlt. Ich habe es geschafft. Mir geht es gut." *(Christoph Hein, Der fremde Freund/Drachenblut)*

Erzählzeit und erzählte Zeit

Die **Erzählzeit** ist die Zeitspanne, die benötigt wird, um ein episches Werk zu lesen, die **erzählte Zeit** umfasst die Dauer des Erzählten. Nur in Ausnahmefällen sind Erzählzeit und erzählte Zeit identisch; man spricht dann von zeitdeckendem Erzählen.

„Aus dem Haus tritt ein Mann. Er sagt, wer brüllt, kommt rein. Er geht in das Haus zurück. Die Tür fällt hinter ihm zu. Das kleinere Kind schreit. Der Mann erscheint wieder in der Haustür. Er sagt, komm rein. Na wirds bald. Du kommst rein. Nix. Wer brüllt, kommt rein. Komm rein." *(Helga M. Novak, Schlittenfahren)*

Wie das Beispiel zeigt, ist **zeitdeckendes Erzählen** im Prinzip nur bei wörtlicher Rede möglich und daher in Prosatexten seltener als in dramatischen.

Oft gibt es erhebliche Unterschiede zwischen der Erzählzeit und erzählter Zeit. Häufig braucht der Rezipient nur wenige Minuten zum Lesen einer Handlung, die mehrere Stunden, Tage, Wochen oder Jahre umfasst.

Helga M. Novak (geb. 1935 in Berlin) studierte Journalistik und Philosophie, arbeitete als Monteurin, Laborantin und Buchhändlerin. 1966 wurde ihr die Staatsbürgerschaft der DDR aberkannt. Sie wurde als eine der ersten Autoren aus der DDR ausgewiesen.

„Effi konnte nicht weiterlesen; ihre Augen füllten sich mit Tränen, und nachdem sie vergeblich dagegen angekämpft hatte, brach sie zuletzt in heftiges Schluchzen und Weinen aus, darin sich ihr Herz erleichterte.
Nach einer halben Stunde klopfte es, und auf Effis 'Herein' erschien die Geheimrätin." *(Theodor Fontane, Effi Briest)*

4

Max von der Grün (geb. 1926) war Gründungsmitglied der „Gruppe 61" und gilt seither als führender Vertreter der Arbeiterliteratur.

Dieser Textausschnitt kann in ca. 30 Sekunden gelesen werden; er umfasst die Zeitspanne von über 30 Minuten. Fontane bedient sich dazu des Mittels der Zeitraffung, des Zeitsprungs.

Anders verhält es sich bei der Beschreibung von Personen, Gegenständen oder Örtlichkeiten. Was optisch auf einen Blick erfasst wird, muss in Texten so beschrieben werden, dass es für die Leser vorstellbar wird. In diesen Fällen spricht man von Zeitdehnung, die Erzählzeit ist größer als die erzählte Zeit.

„Frank hatte zweimal schnell hintereinander geschossen.
Er schoß in dem Augenblick, als wir uns einig geworden waren, nicht zu schießen. Ich stand wie gelähmt, als die zwei dumpfen Schläge durch den Wald blafften; dann rannte ich einfach fort, ohne mich nach Frank umzusehen." *(Max von der Grün, Flächenbrand)*

Die Untersuchung der Zeitstruktur eines Textes ist hilfreich um zu erkennen, welche Elemente der Handlung dem Autor wichtig waren, welche er nur nebenbei behandelt und welche er ganz ausgelassen hat. Auslassungen deuten aber nicht unbedingt auf Unwichtiges hin – sie können ganz im Gegenteil ein Mittel der Spannungserzeugung sein. Dies ist z. B. in Kriminalromanen so, wenn der Leser nicht allzu schnell erkennen soll, wer der Täter ist.

Zeitgestaltung	
Erzählte Zeit	**Erzählzeit**
Zeitraum, über den sich die gesamte Geschichte erstreckt.	Zeitdauer, die der Leser benötigt, um den Text zu lesen.
Die erzählte Zeit wird vom Autor bestimmt. Er hat dazu folgende Möglichkeiten: Er kann – zeitdeckend, – zeitraffend und – zeitdehnend erzählen. Außerdem kann er Zeitsprünge vornehmen, Phasen der Reflexion einfügen oder Handlungen auslassen.	Die Erzählzeit ist abhängig vom Umfang des Textes, seiner sprachlich-stilistischen Gestaltung und der individuellen Lesegeschwindigkeit.

Reihenfolge des Erzählens

Der Autor hat die Freiheit, die ausgewählten Ereignisse und Handlungen so anzuordnen, wie es ihm sinnvoll erscheint. Häufig wird chronologisch, also der Abfolge des Geschehens entsprechend, erzählt. Dies kann einen Text möglicherweise langweilig werden lassen, sodass Autoren oft von der natürlichen Zeitfolge abweichen. Sie sind auch in der Lage, die Lesererwartung zu steuern, indem sie Rückblenden und Vorausdeutungen als Stilmittel einsetzen.

Vorausdeutungen können
- einen Ausblick auf den weiteren Handlungsverlauf geben,
- die Spannung des Lesers erhöhen,
- den Blick des Lesers auf eine bestimmte Handlung lenken.

Beispiel für eine Vorausdeutung:

Eine „zukunftsgewisse Vorausdeutung" (Begriff bei E. Lämmert, Bauformen des Erzählens, Stuttgart 1955 ff.) erfordert einen auktorialen Erzähler.

> „Am Fuße der Alpen, bei Locarno im oberen Italien, befand sich ein altes, einem Marchese gehöriges Schloss, das man jetzt, wenn man vom St. Gotthard kommt, in Schutt und Trümmern liegen sieht..."
> (Heinrich von Kleist, Das Bettelweib von Locarno)

Aus dem ersten Satz von Kleists Erzählung geht schon hervor, dass das genannte Schloss inzwischen abgebrannt ist. Der Leser wird neugierig und fragt sich: Warum ist das Schloss abgebrannt? Wodurch ist es abgebrannt? Wann ist es abgebrannt? Während der Erzählhandlung oder nachher?

Rückblenden können
- ein früheres Geschehen nachtragen,
- durch gezielte Fokussierung die Handlung erläutern,
- für das Verständnis des Textes bzw. die Textanalyse hilfreich sein.

Beispiel für eine Rückblende:

Eine Rückblende, die konstitutiv für die gesamte Erzählung ist, findet sich in Ilse Aichingers Spiegelgeschichte (1952): Auf dem Sterbebett lässt eine Frau ihr Leben Revue passieren, sodass am Ende der Erzählung Geburt und Tod unmittelbar zusammenfallen.

> „Vergebens schickte sie Leute hinein, den Unglücklichen zu retten; er war auf die elendiglichste Weise bereits umgekommen, und noch jetzt liegen, von den Landleuten zusammengetragen, seine weißen Gebeine in dem Winkel des Zimmers, von welchem er das Bettelweib von Locarno hatte aufstehen heißen."
> (Heinrich von Kleist, Das Bettelweib von Locarno)

Diese Rückblende hilft die Erzählung zu verstehen: Sie stellt explizit den Zusammenhang zwischen dem Tod des Marchese und seiner Grobheit gegenüber der Alten dar, die er zwang, ihr Nachtlager zu verlassen.

Sprachliche Gestaltung von Zeit
Die Gestaltung der Zeit erfolgt nicht nur mit Hilfe der Organisation des Stoffes oder durch Techniken des Erzählens. Auch die sprach-

liche Gestaltung eines Textes kann für die Zeitgestaltung nutzbar gemacht werden:

adverbiale Bestimmungen	Antworten auf die Fragen wann? bis wann? seit wann? wie lange? wie oft? z. B.: nachts, einen Monat, sommers, seit Monaten
temporale Konjunktionen (koordinierend, beiordnend)	dann, darauf, danach, eher, zuvor, vorher
temporale Konjunktionen (subordinierend, unterordnend)	als, bevor, bis, ehe, indes, nachdem, seit, seitdem, sobald, solange, sooft, unterdes, während, (jedesmal) wenn, wie (als Ersatz für „als" beim Präsens)
die Tempora des Verbs	• Gleichzeitigkeit (z. B.: Als er kam, grüßte ich ihn.) • Vorzeitigkeit (z. B.: Sobald die Uhr geschlagen hatte, kam er aus dem Haus.) • Nachzeitigkeit (z. B.: Bevor du mir das nicht bewiesen hast, glaube ich es nicht.)

Zeitliche Situierung

Ging es bisher um die Organisation des Stoffes, um die Dauer einer Handlung und um die sprachlichen Möglichkeiten des Autors, mit der Zeit umzugehen, wird nun nach dem Zusammenhang von dargestellter Zeit und Handlung bzw. nach den Einflüssen und Auswirkungen der Zeit auf die Figuren eines Textes, ihren Befindlichkeiten und ihren Handlungen gefragt.

Für das Verständnis eines Textes ist oft auch seine zeitliche Situierung von Bedeutung. Welche Bedeutung hat es, dass Eichendorffs Novelle „Aus dem Leben eines Taugenichts" zur Zeit des anbrechenden Frühlings beginnt? Warum siedelt Heinrich Böll seine Erzählung „Die verlorenen Ehre der Katharina Blum" in den siebziger Jahren an? Wie empfindet Jo in Zoë Jennys Erzählung „Das Blütenstaubzimmer" ihre Entwicklung vom Kind zur Erwachsenen?

Bestimmte Zeitaspekte, die **motivischen Charakter** haben, können helfen, einen Text zu verstehen. Sie können als Motive einzelner Texte verwendet werden und durch ihr mehrmaliges Vorkommen bei den Lesern ganz bestimmte Assoziationen auslösen. Andere Zeitmotive finden sich in den verschiedenen literarischen

Gattungen immer wieder und erleichtern dem Leser dadurch das Verständnis. Zeitmotive sind aber wie alle Motive nicht eindeutig, es kommt also auf den Kontext eines Werks an, wie sie verstanden werden wollen.

Zeitmotive und die mit ihnen verknüpfte Bedeutung finden sich nicht nur in Prosatexten, sondern auch in der Lyrik und in dramatischen Texten.

Häufige Beispiele sind:

Zeitliche Situierung	Symbolische Bedeutung
Historische Zeit	
Deutschland zur Zeit des Nationalsozialismus	Verfolgung und Unterdrückung, persönliche Unfreiheit
Deutschland in den 50er und 60er-Jahren	Wirtschaftlicher Aufschwung und Kritik an der dadurch entstehenden zwischenmenschlichen Oberflächlichkeit
Tageszeit	
Morgen	Anbruch des Tages, Aufbruchsstimmung
Abend	Reflexion des Tages, des Lebens
Essenszeit	Zeit der Gemeinsamkeit bzw. Einsamkeit
Jahreszeit	
Frühling	Anbruch des Jahres, Aufbruchsstimmung, Neuanfang, oft im Zusammenhang mit Kindheit und Jugend
Sommer	Höhepunkt des Jahres, oft als „gute", unbeschwerte Zeit dargestellt, auch Wendepunkt
Herbst	Sinnbild für Vergänglichkeit, Überschreiten des (persönlichen) Zenits
Winter	Kälte, Unwirtlichkeit, Einsamkeit, Ende des Lebens
Festtage	
persönliche Festtage	(scheinbare) Hochzeiten, Reflexion des bisher Erreichten, Krisensituation
kirchliche und staatliche Feiertage	Übereinstimmung mit einem gesellschaftlichen Wertekodex oder seine Ablehnung
Lebenszeit	
Kindheit	Zeit des Aufbruchs, der ersten Eindrücke, im positiven und negativen Sinn prägend

Jugend	Zeit des Lernens, der Erfahrung, der Orientierung
Erwachsenenalter	Zeit des Tätigseins, der Bewährung, auch des Umschwungs, der Neuorientierung vor dem letzten Lebensabschnitt
Alter	häufig verbunden mit einem Rückblick auf das eigene Leben, auf die erlebten – sich verändernden – Zeitumstände

4.5 Bedeutung des Raumes und Raumgestaltung

Die Handlung eines epischen Textes ist immer in einem bestimmten Raum angesiedelt. Damit ist nicht nur der geografische Raum gemeint, der oft in der Realität verortet werden kann (z. B. Berlin als Raum der Handlung in Döblins Roman „Berlin Alexanderplatz"). „Raum" ist hier in einem umfassenderen Sinn gemeint. Auch das gesellschaftliche Umfeld einer Figur, der soziale Raum, das Milieu sind gemeint, ebenso ihr Lebensraum, also Wohnung, Haus, Straße, Stadtviertel. Daneben gibt es auch innere Räume, Stimmungs- und Gedankenräume, in denen eine Person zu Hause ist oder die ihr verschlossen bleiben.

Räumen kommt eine ganz spezifische Funktion zu: Sie charakterisieren eine Person, oft sind sie der Spiegel ihrer Existenz, oft der Auslöser für eine die Figur betreffende Handlung. Manchmal besitzen sie auch symbolische Bedeutung (z. B. das Esszimmer in Birgit Vanderbekes Erzählung „Das Muschelessen", das die Abgeschlossenheit der Familie nach außen hin verdeutlicht).

Raumfunktionen

Räume sind in der Literatur nie Selbstzweck und nur selten von den Autoren ohne tiefere Bedeutung gewählt. Bei der Untersuchung von epischen Texten sollte man immer bedenken, dass es verschiedene Funktionen gibt, die die Örtlichkeiten erfüllen können. Man unterscheidet:

Begriff	Beschreibung	Beispiele
Handlungsraum	Der Raum, der den Bedingungsrahmen für die Handlungen der Personen bildet.	Der Handlungsraum in Alfred Anderschs Sansibar oder der letzte Grund ist die Hafenstadt Rerik. Das Geschehen, das in diesem Roman dargestellt wird, ist unmittelbar an diese Stadt und ihre Lage an der Ostsee gebunden.
Lebensraum	Der Raum, in dem sich die Figuren bewegen. Von ihrem Lebensraum sind die Figuren positiv oder negativ geprägt, möglicherweise sind sie dort aufgewachsen, haben Familie, Freunde und ihren Arbeitsplatz. Die Darstellung des Lebensraumes dient oft der Charakterisierung von Figuren.	Der Lebensraum der Ärztin Claudia in Christoph Heins Novelle Der fremde Freund/Drachenblut ist eine typische, nicht näher benannte mittelgroße Stadt in der DDR, die den Charakter der Hauptperson und ihre Verhaltensweisen prägt.
Gedankenraum	Der Raum, den der Autor oder seine Figuren durch ihre Wünsche, Träume oder Illusionen entstehen lassen. Gedankenräume haben oft irreale, phantastische oder märchenhafte Züge.	Die Stadt Tomi und ihr Umland in den Phantasien Nasos (Christoph Ransmayr, Die letzte Welt)
Stimmungsraum	Der Raum, an den eine bestimmte, die Handlung tragende Stimmung geknüpft ist.	Die Nordseeküste in Theodor Storms Novelle Der Schimmelreiter
Kontrastraum	Ein Raum, der in inhaltlichem und assoziativem Gegensatz zu einem anderen steht.	Palenque und New York als Orte der Natur bzw. Zivilisation in Max Frischs Homo faber
Symbolraum	Ein Raum mit einer symbolischen Bedeutung, die nicht mit seiner wirklichen Bedeutung identisch sein muss.	Das Venedig in Thomas Manns Novelle Tod in Venedig steht für Krankheit, Verfall und Tod.

Raummotive

Räume können als Motive einzelner Texte verwendet werden, die durch ihr mehrmaliges Vorkommen bei den Lesern ganz bestimmte Assoziationen auslösen und ihnen das Verständnis eines Textes erleichtern.

z. B. in Zoë Jenny, Das Blütenstaubzimmer

Andere Raummotive gehören zum **Motivvorrat der Literatur** und sind in vielen Texten auffindbar. Ihre symbolische Bedeutung ist mehrdeutig und oft widersprüchlich. Häufige Beispiele sind:

Raummotiv	Symbolische Bedeutung
Feld	Ort außerhalb der nahen Zivilisation, Ort von Entscheidungen
Fenster	Begrenzung zwischen drinnen und draußen, Beengung und Freiheit, Sehnsucht nach Ferne und Unabhängigkeit
Garten	kultivierter Naturraum, natürlicher Ort in der von den Menschen veränderten Welt
Gebirge	Gewalt der vom Menschen unberührten Natur, Assoziationsraum für Freiheit und Entgrenzung
Haus, Wohnung	Geborgenheit, Enge, Rückzug vom Alltag „draußen"
Meer	Gewalt der vom Menschen unberührten Natur, Assoziationsraum für Sehnsucht, Freiheit und Ungebundenheit
Schlachtfeld	Ort des Grauens, der Gewalt, der Entscheidung
(Groß-) Stadt	Zivilisation, Naturferne, Einsamkeit in der Menschenmenge, anonyme Bedrohung, Ort des Verbrechens, pulsierendes Leben
Wald	Zivilisationsferne, Einsamkeit, Ort der Bewährung und des Zu-sich-selbst-Findens

4.6 Epische Gattungen und Formen

Kleinere Formen		
Typus	**Beschreibung**	**Beispiele**
Anekdote	• Darstellung einer Episode aus dem **Leben einer bekannten Persönlichkeit** oder kurze Erzählung einer **besonderen Begebenheit** • erweckt den Anschein, dass sie wahr ist, was nicht immer zutrifft • straff auf den Schluss (die **Pointe**) hin komponiert	Heinrich von Kleist: Anekdote aus dem letzten preußischen Kriege, verschiedene Anekdoten von Johann Peter Hebel
Fabel	• kurze, **lehrhafte Erzählung** • meist verkörpern **Tiere** menschliche Charaktereigenschaften • Möglichkeit der verdeckten, trotzdem für jeden Leser offenkundigen **(Sozial-)Kritik**	Die Fabeln von Äsop, Jean de Lafontaine, Gotthold Ephraim Lessing

Kalendergeschichte	- kürzere, lehrhafte Erzählung zu Themen aus dem **Alltag** - ursprünglich in **Hauskalendern** für ein ungebildetes Publikum (Bauern, Handwerker) abgedruckt - entstanden **um 1600**	Johann Peter Hebel: Schatzkästlein des rheinischen Hausfreundes, Kalendergeschichten von Bertolt Brecht
Kurzgeschichte	- entstanden **nach 1945** - die amerikanische **short story** als Vorbild - zeigt einen **Ausschnitt aus der Wirklichkeit** - Einleitung und Schluss fehlen	Kurzgeschichten von Ernest Hemingway, Heinrich Böll, Wolfgang Borchert, Ilse Aichinger
Legende	- religiöse Darstellung von **Heiligen** - sollte **vorbildlich** und **lehrreich** wirken - historischer Wahrheitsgehalt ist meist zweifelhaft	Die Legende von St. Martin, Die Legende vom Heiligen Georg
Märchen	- eine der ältesten literarischen Formen, die ihre Wurzeln in der **schriftlosen Zeit** hat und ursprünglich mündlich überliefert wurde (**Volksmärchen**) - zeigt Menschen in abenteuerlichen Bewährungssituationen - positive und negative Figuren sind eindeutig festgelegt - aus dem Gegensatz der handelnden Figuren erwachsen Konflikte - seit der Romantik werden **Kunstmärchen** verfasst, die die Volksmärchen in der klar strukturierten Thematik und der volksnahen Sprache nachahmen	Beispiele für Volksmärchen: Rotkäppchen, Dornröschen, Aschenputtel von den Brüdern Grimm Beispiele für Kunstmärchen: Der gestiefelte Kater von Ludwig Tieck, Kalif Storch und Zwerg Nase von Wilhelm Hauff, Des Kaisers neue Kleider von Hans Christian Andersen Beispiele für moderne märchenhafte Erzählungen: Momo von Michael Ende, Krabat von Otfried Preußler
Parabel	- **Gleichniserzählung**, deren Inhalt durch einen Vergleich auf einen tatsächlich gemeinten Sachverhalt übertragen werden muss - Ursprünge im Neuen Testament (Gleichnisse Jesu) und in der antiken Dichtung - Darstellung einer **verrätselten Welt** (besonders in der modernen Literatur)	Geschichten vom Herrn Keuner von Bertolt Brecht, die Erzählungen Franz Kafkas

Schwank	- kurze heitere dramatische oder erzählte Szene - Themen entstammen der Volksdichtung, häufig werden Normen des bürgerlichen Alltags **karikiert** - einfach strukturiert, auf eine **Pointe** hin komponiert - Mittel der Darstellung: Gegensätze, Übertreibungen, Typisierung der Figuren - Verfasser sind oft **unbekannt**	Till Eulenspiegel, Die Schildbürger, Stücke von Hans Sachs und Johann Nepomuk Nestroy, Erzählungen des Barons von Münchhausen

Mittlere Formen		
Typus	**Beschreibung**	**Beispiele**
Erzählung	- Darstellung von **Geschehnissen** und **Handlungen** ohne kunstvolle Ausweitung von Zeit, Raum und Personal - in sich geschlossene Handlung **mit Einleitung und Schluss** (im Gegensatz zur Kurzgeschichte) - kürzer und einsträngiger gebaut als der Roman - ohne ausdrücklich lehrhaften Charakter	Bunte Steine von Adalbert Stifter, Die verlorene Ehre der Katharina Blum von Heinrich Böll, Der Tangospieler von Christoph Hein
Novelle	- Prosaerzählung, deren Inhalt auf einen **zentralen Konflikt** („unerhörte Begebenheit", Goethe) hin verdichtet ist - geradlinige Handlungsführung, **dem Drama verwandte Architektur** (Exposition, Steigerung, Höhe- und Wendepunkt, fallende Handlung, Schluss) - häufige Verwendung von **Leitmotiven** und **Dingsymbolen** - oft sind Novellen in **Rahmenerzählungen** oder **Novellenzyklen** eingebettet	Unterhaltungen deutscher Ausgewanderten von Johann Wolfgang von Goethe, L'Arrabiata von Paul Heyse, Katz und Maus von Günter Grass, Ein fliehendes Pferd von Martin Walser
Sage	- eine der ältesten Formen des Erzählens, **ursprünglich mündlich überliefert** und erst viel später niedergeschrieben - Erzählung über ein lang zurückliegendes Geschehen - **meist mit realem Kern**, häufig mit tragischem Ausgang - man unterscheidet Sagen nach ihrer Herkunft (griechische, germanische Sagen), nach ihrem Inhalt (Götter- und Helden-, Volks- und Lokalsagen)	Die Irrfahrten des Odysseus, Die Nibelungen, Dietrich von Bern

Großformen		
Typus	**Beschreibung**	**Beispiele**
Epos	• ausführliche Erzählung in **Versen** • Blütezeit in der Antike und im Mittelalter	Ilias, Odyssee, Aeneis, Nibelungenlied

Roman	• umfangreiche Erzählung mit **mehrsträngiger Handlung**
	• Spiegelung der bürgerlichen Welt
	• Vielzahl von Personen
	• umfasst eine längere Zeitspanne
	• angesehene Literaturform seit dem 19. Jahrhundert
	• Übliche Unterscheidung nach
	   – Bildungs- und Entwicklungsroman
	   – Erziehungsroman
	   – Gesellschaftsroman
	   – Historischer Roman
	   – Kriminalroman
	   – Künstlerroman
	   – Utopischer Roman
		Wilhelm Meisters Lehrjahre von Johann Wolfgang von Goethe, Das Glasperlenspiel von Hermann Hesse
		Emile von Jean Jacques Rousseau
		Effi Briest, Irrungen, Wirrungen, Frau Jenny Treibel von Theodor Fontane
		Kapuzinergruft von Joseph Roth, Der Name der Rose von Umberto Eco
		Der Verdacht von Friedrich Dürrenmatt
		Heinrich von Ofterdingen von Novalis, Schlafes Bruder von Robert Schneider
		Schöne neue Welt von Aldous Huxley, 1984 von George Orwell

4 Arbeitsteil: Bearbeitung von Prosatexten

Wenn Sie sich mit erzählenden Texten beschäftigen, sollten Sie wissen, wo grundsätzliche Probleme liegen können. Sie sollten aber auch wissen, welchen Vorteil gegenüber anderen Textsorten die Beschäftigung mit Prosatexten haben kann.

Folgende Aspekte können Ihnen helfen, die gestellten Aufgaben richtig einzuschätzen:
- Prosatexte sind – auf der Handlungsebene – meist leicht verständlich.
- Es ist nicht erforderlich, dass Sie schon viel von dem betreffenden Dichter gelesen haben, dass Sie sein Gesamtwerk oder seine Biografie kennen.
- Unerlässlich ist jedoch, dass Sie den zu untersuchende Prosatext mehrmals gründlich lesen. Andernfalls erfassen Sie womöglich nur die Handlungsebene, nicht die Tiefenstruktur des Textes.

Folgende Tipps helfen Ihnen bei der Anfertigung einer Analyse und Interpretation eines Erzähltextes. Wie bei anderen Textsorten sollten Sie auch bei der Untersuchung von Prosatexten von besonderen Auffälligkeiten ausgehen:
- von **Schlüsselstellen** (z. B. Höhe- oder Wendepunkten der inneren oder äußeren Handlung),
- von besonderen **Eigenheiten einer Figur**,
- von der **Konfiguration der Personen** und dem sich daraus ergebenden Konflikt,
- von wiederkehrenden **Motiven** und **Motivgruppen**,
- von **sprachlichen Besonderheiten** (auffallenden Adjektiven, Stilbrüchen, Häufung von Satzarten usw.),
- von **Besonderheiten der Bauform** (z. B. fehlender Anfang, offener Schluss),
- von **kompositorischen Besonderheiten** (Zeitraffung, Zeitdehnung usw.).

4.7 Beispiele für die Aufgabenstellung

Wenn Sie sich in der Prüfung für den Prosatext entschieden haben, müssen Sie diesen nach literaturwissenschaftlichen Gesichtspunkten deuten. Dabei wird von Ihnen erwartet, dass Sie den Text bearbeiten, indem Sie wichtige formale, sprachliche und inhaltliche Aspekte des Textes beschreiben, und die Erkenntnisse, die Sie dabei gewinnen, erläutern. Wichtig ist, dass Ihre Aussagen anhand des Textes überprüfbar und damit für den Leser Ihrer Arbeit nachvollziehbar sind.

Für die Analyse und Interpretation eines erzählenden Textes sind folgende Aufgabentypen üblich.

Beispiel für eine **detaillierte Aufgabenstellung**, die die Kernbereiche von Analyse und Interpretation vorgibt, z. B.:
1. Fassen Sie den Inhalt des vorliegenden Textes in eigenen Worten zusammen.
2. Untersuchen Sie das erzählerische Vorgehen und die Verwendung zentraler Motive.
3. Zeigen Sie, wie wichtige sprachlich-stilistische Mittel die Aussageabsicht verdeutlichen.
4. Erläutern Sie, was einen zeitgenössischen Autor dazu bewegen könnte, sich mit dem dargestellten Problem „Identitätskrise" auseinander zu setzen.

Hier wäre auch eine andere – themenbezogene – Aufgabe bzw. gestalterische Übung denkbar, z. B. Umformung in einen Dialog oder Abfassen eines Zeitungstextes (Kommentar, Glosse).

Beispiel für eine **zusammenfassende Aufgabenstellung**:
1. Erschließen Sie die vorliegende Erzählung. Berücksichtigen Sie dabei auch die Figurenzeichnung sowie die Gestaltung von Raum und Zeit.
2. Interpretieren Sie das Dargestellte und vergleichen Sie, wie das gewählte Motiv in einem anderen literarischen Werk (Ihrer Wahl/aus einer anderen literarischen Epoche usw.) gestaltet wird.

Beispiel für eine **allgemeine Aufgabenstellung**:
- Analysieren und interpretieren Sie den vorliegenden Text.

In diesem Fall erwartet man, dass Sie Aussagen zum Inhalt des Textes, zur Figurenzeichnung, zu den verwendeten Motiven und zur sprachlich-stilistischen Gestaltung machen. Außerdem sollten Sie die Textaussage deuten. Dazu ist es hilfreich, wenn Sie selbstständig auf einen Vergleichstext verweisen, der Ihre Aussagen durch Übereinstimmung oder Kontrastierung stützt. Möglicherweise helfen auch Kenntnisse der Biografie des Autors und der Epoche.

4.8 Gestaltung und Entwurf einer Gliederung

Bei der Analyse und Interpretation eines erzählenden Textes hilft eine Gliederung, die manchmal verlangt wird. Sie hat zwei Funktionen:
- Die Gliederung hilft dem Leser, das Gelesene strukturieren zu können und damit besser zu verstehen.
- Die Gliederung hilft Ihnen, Ihre Gedanken in eine sinnvolle Form zu bringen und eine stimmige Arbeit zu schreiben.

Für die Gestaltung der Gliederung gelten folgende Grundregeln:
- Die Gliederung ist in ihrer Grobstruktur **dreiteilig** aufgebaut (Einleitung, Hauptteil, Schluss).
- Sie soll den **Verlauf der schriftlichen Darstellung** wiedergeben.
- Meist wird der **Nominalstil** erwartet.

> Für die Erschließung eines erzählenden Textes bietet sich folgendes Gliederungsschema an:
> A. Einleitung (z. B. Aussagen zu Inhalt, Thema oder Motivik)
> B. Hauptteil: Analyse und Interpretation des vorliegenden Textes
>   I. Inhalt und Aufbau
>   II. Erzählerisches Vorgehen
>   III. Darstellung der Figuren
>   IV. Sprachlich-stilistische Gestaltung
>   1. Wortwahl
>   2. Satzgestaltung
>   V. Interpretation
>   1. Thematik
>   2. Autorenintention
> C. Schluss (z. B. abschließende Betrachtung, eigene Gedanken zum Thema, Vergleich mit einem anderen Werk)

Die Gliederung ist nach dem alphanumerischen Prinzip (Wechsel von Buchstaben und Zahlen) verfasst; genauso üblich ist das numerische System: 1., 1.1, 1.1.1, 1.1.2, 1.2, 1.3 usw.

Das vorgestellte Gliederungsschema ist idealtypisch zu verstehen, sozusagen die Folie, auf der Sie arbeiten sollen. In jedem Fall müssen Sie die Gliederung inhaltlich füllen, d.h. statt „B. Hauptteil: Analyse und Interpretation des vorliegendes Textes" müssten Sie dann schreiben: „B. Analyse und Interpretation des vorliegenden Textauszugs aus Max Frischs Roman ‚Homo faber'".

4.9 Bearbeitung der Aufgaben

In diesem Kapitel wird Ihnen anhand eines Beispiels gezeigt, wie man bei der Erschließung eines erzählenden Textes sinnvoll vorgehen kann. Folgender Auszug aus Zoë Jennys Roman „Das Blütenstaubzimmer" wird Ihnen vorgelegt:

Zoë Jenny (geb. 1974 in Basel) lebt nach Aufenthalten in Griechenland und im Tessin in Basel. Für den Roman Das Blütenstaubzimmer (1997) erhielt sie den aspekte-Literaturpreis. Weitere Romane: Der Ruf des Muschelhorns (2000), Ein schnelles Leben (2002)

Lucy ist in der Küche und bereitet das Abendessen für Vito vor. Wie festgefroren warte ich im Garten darauf, daß sie nach mir ruft, damit ich ihr beim Kochen helfe. Ich warte auf ihre Stimme, aber sie ruft mich nicht, ich vernehme nur ihre
5 Schritte auf dem Steinboden und das Klappern von Pfannen. Mit offenen Augen versinke ich in einen Traum, in dem ich mir vorstelle, daß ich viel jünger bin und meine Mutter in der Küche steht und das Abendessen für uns zubereitet, während ich die Schulaufgaben mache. Die Geräusche, die sie
10 im Haus macht, sind die Kulisse, vor der ich mich bewege; ihre Geräusche sind auch ein Band, das sich durch das Ohr in mich hineinbohrt. An einer bestimmten Stelle meines Innern ist jedes einzelne ihrer Geräusche konserviert, damit ich, wenn ich jemals allein sein sollte, sie abrufen und mich an ihr
15 Gesicht erinnern könnte und mit ihr reden, auch wenn sie gar nicht da wäre. Das grelle Schrillen der Türklingel dringt bis hinaus in den Garten. Ich höre, wie sie in der Küche scheppernd etwas hinstellt und die Treppe hinuntereilt. Sie führt ihn durchs Haus, seine eisenbeschlagenen Schuhe klingen
20 hohl auf dem Fußboden. Vitos Lachen hallt in Alois' leergeräumter Bibliothek. Im Gang vor dem Fenster bleiben Lucy und Vito stehen und blicken hinunter in den Garten. Sie schauen in meine Richtung, ohne mich zu bemerken, obwohl ich ihnen zuwinke. Reglos stehen sie am Fenster. Ich erken-
25 ne den Umriß seines Kopfes, der zu groß wirkt im Verhältnis zu seinen schmalen Schultern. Das Haar glänzt und ist glatt nach hinten gekämmt. So hatte auch Alois einmal hier gestanden. Ich traf auf ihn, als ich, aus der Küche kommend, in mein Zimmer gehen wollte. Er hatte die Arbeitskleider an
30 und einen Pinsel in der Hand, den er aufs Fensterbrett legte. Der Pinsel war voll frischer Farbe.
„Glaubst du, ein Haus kann plötzlich in sich zusammenstürzen, so, wie ein alter Mensch zusammenbricht?" fragte er, ohne sich zu mir umzudrehen. Alois hatte mich noch nie
35 etwas gefragt, und ich glaubte, er verwechselte mich mit Lucy. „Vielleicht", sagte ich unsicher, auf den Pinsel blickend, aus dem es gelb auf den Boden tropfte.

Lucy öffnet weit die Gartentür für Vito. Er bemerkt mich, Lucy bleibt neben dem Rosenbusch stehen und zwinkert mir ver-
40 schwörerisch zu, als er, „Aha, die kleine Schwester" rufend,

4

mit ausgestreckter Hand über die Distanz von der Gartentür bis zum Liegestuhl eilig auf mich zusteuert. Er überschüttet mich gleich mit Fragen, während er mit kaum spürbarem Druck meine Hand hält und mich anblickt mit kleinen, von unzähligen winzigen Falten umgebenen Augen. Lucy hat den Tisch im Garten gedeckt und trägt das Essen in großen Schüsseln heran. Vito will wissen, was ich arbeite. Da ich auf solche Fragen nicht vorbereitet bin, sage ich geradeheraus, ich sei bei der Post und sortiere Briefe. Seine Augen scheinen dabei noch kleiner zu werden, scheinen beinahe zu verschwinden in einem Nest aus winzigen Falten. Lucy schöpft das Essen in die Teller und sagt lachend, das mit der Post sei nur vorübergehend, denn ich würde nächstes Jahr mit dem Studium beginnen. „Natürlich", sagt Vito und lächelt jetzt, und wir stoßen an mit dem Wein, der viel zu warm ist, weil sich an diesem Abend die Hitze angestaut hat, schwer in der Luft lagert, nirgendwohin entweichen kann und die Haut und alles, was man anfaßt, mit einem feuchten klebrigen Film überzieht. Die roten Geranienköpfe hängen von der Brüstung des Klosters herunter, obwohl sie vor wenigen Minuten bewässert wurden. Vito erzählt, er sei Hotelier und ungeheuer beschäftigt, er baue gerade eine Kette von neuen Hotels für das Jahr zweitausend, in dem die hunderttausend Pilger erwartet werden. Einige der Hotels seien schon jetzt ausgebucht, bevor sie überhaupt stünden. „Für diese Menschenströme müssen wir gerüstet sein", sagt er immer wieder und atmet dabei wie ein schnaubendes Flußpferd durch die Nase. Vito und Lucy reden während des ganzen Essens so viel und schnell, daß ich bald, zugeschüttet von ihren Wörtern, taubstumm am Tisch sitze und aufgebe, der Unterhaltung zu folgen. Vito öffnet beim Reden den Mund, daß man die Vorderzähne sehen kann, eine Reihe kleiner weißer Stummel. Ununterbrochen fällt er Lucy ins Wort, was sie aber überhaupt nicht zu stören scheint, denn jedesmal nickt sie dabei voller Zustimmung, läßt sich bereitwillig einlullen von seiner Stimme und dem sauberen hellen Klang seines in regelmäßigen Abständen aufschnappenden Feuerzeuges. Kleine glitzernde Schweißtröpfchen haben sich auf Vitos Stirn und Nasenspitze gebildet. Plötzlich rückt er seinen Stuhl näher zu Lucy und sitzt nun direkt vor den Friedhofspappeln, die hinter ihm aufragen, als wüchsen sie aus seinem Kopf. Hastig stehe ich auf, räume den Tisch ab und verschwinde so schnell wie möglich.

In der Küche höre ich von fern ihre Stimmen, ihre immer lauter und aufgeregter werdenden Stimmen, die sich allmählich einpuppen und gemeinsam einen Kokon aus Wörtern bilden. Und Lucys Kichern in Vitos Lachen hinein, in dieses hingeworfene Lachen, das keine Freude in sich birgt; nur eingepflanzte, satt gewordene Zufriedenheit.

Die Aufgabenstellung lautet:
Analysieren und interpretieren Sie den Textauszug aus Zoë Jennys Roman „Das Blütenstaubzimmer". Gehen Sie dabei auf die sprachliche Gestaltung, die Motivik und die Charakterisierung der Personen ein. Aussagekräftig ist auch der Stellenwert dieser Szene im Roman.

Den letzten Teil der Aufgabenstellung können Sie nur bearbeiten, wenn Sie den gesamten Roman kennen.

Vorgehen bei der Analyse:
- Zuerst sollten Sie den vorliegenden Text **mindestens zweimal lesen**.
- Untersuchen Sie dann die **Inhaltsebene**: Worum geht es in diesem Romanauszug? Welche Figuren kommen vor? Wie handeln sie?
- Es bietet sich an, als nächsten Arbeitsschritt die **Figurencharakterisierung** vorzunehmen. Dabei werden Sie erkennen, dass die Autorin einige Motive zur Charakterisierung einsetzt.
- Wenn Sie nun die übrigen **Motive** entschlüsseln, reiht sich das nahtlos in Ihre Analyse ein.
- Nun sollten Sie noch einmal den gesamten Text auf auffallende **sprachlich-stilistische Mittel** untersuchen.
- Klären Sie am Ende die Frage nach der **Gestaltung**: Erzählerrolle, Erzählverhalten, Erzählperspektive usw.
- Am Ende sollten Sie klären, welcher **Stellenwert** im Roman dieser Textstelle zukommt.

Untersuchung des Romanauszugs:

Inhalt	Text	Sprache
Einführung: Die Ich-Erzählerin beschreibt ihre Situation.	Lucy ist in der Küche und bereitet das Abendessen für Vito vor. <u>Wie festgefroren</u> warte ich im Garten darauf, daß sie nach mir ruft, damit ich ihr beim Kochen helfe. Ich warte auf ihre Stimme, aber sie ruft mich nicht, ich vernehme nur ihre Schritte auf dem Steinboden und das Klappern von Pfannen. Mit offenen Augen versinke ich in einen Traum, in dem ich mir vorstelle, daß ich viel jünger bin und meine Mutter in der Küche steht und das Abendessen für uns zubereitet, während ich die Schulaufgaben mache. Die <u>Geräusche</u>, die sie im Haus macht, sind die Kulisse, vor der ich mich bewege; ihre Geräusche sind auch ein Band, das sich durch das Ohr in mich hinein-	Personaler Erzähler Ich-Erzähler, Bild
Tagtraum Jos: Erinnerungen an ihre Kindheit		
Jo bewahrt die Geräusche, die sie mit einer intakten Familie verbindet, in ihrem Innersten auf.		Motiv: Geräusche

4

	bohrt. An einer bestimmten Stelle meines Innern ist jedes einzelne ihrer Geräusche konserviert, damit ich, wenn ich jemals allein sein sollte, sie abrufen und mich an ihr Gesicht erinnern könnte und mit ihr reden, auch wenn sie gar nicht da wäre. Das <u>grelle</u> Schrillen der	
Die Ich-Erzählerin wird in die Realität zurückgeholt.	Türklingel dringt bis hinaus in den Garten. Ich höre, wie sie in der Küche <u>scheppernd</u> etwas hinstellt und die Treppe hinuntereilt. Sie führt ihn durchs Haus, seine <u>eisenbeschlagenen</u> Schuhe <u>klingen hohl</u> auf	Häufung auffälliger Adjektive und Verben, die unangenehmen Lärm signalisieren
Jo gewinnt den ersten Eindruck von Vito.	dem Fußboden. Vitos Lachen <u>hallt</u> in Alois' leergeräumter Bibliothek. Im Gang vor dem Fenster bleiben	
Lucy und Vito sind mit sich selbst beschäftigt und nehmen Jo nicht wahr.	Lucy und Vito stehen und blicken hinunter in den Garten. Sie schauen in meine Richtung, ohne mich zu bemerken, obwohl ich ihnen zuwinke. Reglos stehen sie am Fenster. Ich	
Jo charakterisiert Vito.	erkenne den <u>Umriß seines Kopfes, der zu groß wirkt im Verhältnis zu seinen schmalen Schultern. Das Haar glänzt und ist glatt nach hinten gekämmt.</u> So hatte auch Alois	Beschreibung von Vitos Äußerem
Rückblick: Jo erinnert sich an eine Situation mit Alois, die nach seinem Tod für sie eine besondere Bedeutung gewinnt.	einmal hier gestanden. Ich traf auf ihn, als ich, aus der Küche kommend, in mein Zimmer gehen wollte. Er hatte die Arbeitskleider an und einen Pinsel in der Hand, den er aufs Fensterbrett legte. Der Pinsel war voll frischer Farbe.	
	„<u>Glaubst du, ein Haus kann plötzlich in sich zusammenstürzen, so, wie ein alter Mensch zusammenbricht?</u>" fragte er, ohne sich zu mir umzudrehen. Alois hatte mich noch nie etwas gefragt, und ich glaubte, er verwechselte mich mit Lucy. „Vielleicht", sagte ich unsicher, auf den Pinsel blickend, aus dem es <u>gelb</u> auf den Boden tropfte.	Von der Ich-Erzählerin erinnerte wörtliche Rede (Dialog) Todesmotiv
	Lucy öffnet weit die Gartentür für Vito. Er bemerkt mich, Lucy bleibt neben dem Rosenbusch stehen und zwinkert mir verschwörerisch zu, als er, „Aha, die kleine Schwester" rufend, mit ausgestreckter Hand über die Distanz von der Gartentür	Farbmotiv Wechsel ins Präsens

		4
Die Ich-Erzählerin beschreibt Vitos Äußeres und trägt damit zu seiner Charakterisierung bei.	bis zum Liegestuhl eilig auf mich zusteuert. Er <u>überschüttet</u> mich gleich mit Fragen, während er mit kaum spürbarem Druck meine Hand hält und mich anblickt mit kleinen, <u>von unzähligen winzigen Falten umgebenen Augen</u>. Lucy hat den Tisch im Garten gedeckt und trägt das Essen in großen Schüsseln heran. Vito will wissen, was ich arbeite. Da ich auf solche Fragen nicht vorbereitet bin, sage ich geradeheraus, ich sei bei der Post und sortiere Briefe. <u>Seine Augen scheinen dabei noch kleiner zu werden, scheinen beinahe zu verschwinden in einem Nest aus winzigen Falten</u>. Lucy schöpft das Essen in die Teller und sagt lachend, das mit der Post sei nur vorübergehend, denn ich würde nächstes Jahr mit dem Studium beginnen. „Natürlich", sagt Vito und lächelt jetzt, <u>und wir stoßen an mit dem Wein, der viel zu warm ist, weil sich an diesem Abend die Hitze angestaut hat, schwer in der Luft lagert, nirgendwohin entweichen kann und die Haut und alles, was man anfaßt, mit einem feuchten klebrigen Film überzieht</u>. Die <u>roten</u> Geranienköpfe hängen von der Brüstung des Klosters herunter, obwohl sie vor wenigen Minuten bewässert wurden. Vito erzählt, er sei Hotelier und ungeheuer beschäftigt, er baue gerade eine Kette von neuen Hotels für das Jahr zweitausend, in dem die hunderttausend Pilger erwartet werden. Einige der Hotels seien schon jetzt ausgebucht, bevor sie überhaupt stünden. <u>„Für diese Menschenströme müssen wir gerüstet sein"</u>, sagt er immer wieder und <u>atmet dabei wie ein schnaubendes Flußpferd durch die Nase</u>. Vito und Lucy reden während des ganzen Essens so viel und schnell, daß ich bald,	auffälliges Verb Wiederholung (siehe unten) Parallelismus Wiederholung, bildhafte Sprache Floskel Die Hypotaxe stellt die Situation eindringlich dar. Farbmotiv Wörtliche Rede Vergleich
Vito interessiert sich scheinbar für Jo und befragt sie.		
Die Beschreibung der Mimik Vitos dient seiner Charakterisierung.		
Lucy ist von Jos Antwort peinlich berührt und versucht, die Situation zu retten.		
Die Situation entspannt sich scheinbar.		
Beschreibung des Umfeldes		
Vito erzählt von seiner Arbeit …		
… und charakterisiert sich dabei selbst.		
Jo beschreibt das Verhalten von Lucy und Vito beim Essen.		

4

Die Ich-Erzählerin fühlt sich dem Geschehen entfremdet.	zugeschüttet von ihren Wörtern, taubstumm am Tisch sitze und aufgebe, der Unterhaltung zu folgen. Vito öffnet beim Reden den Mund, daß man die Vorderzähne sehen kann, eine Reihe kleiner weißer Stummel.	auffälliges Partizip, Bild auffälliges Adjektiv
Verhalten Vitos gegenüber Lucy und ihre (fehlende) Reaktion		wirkt wie Pantomime
	Ununterbrochen fällt er Lucy ins Wort, was sie aber überhaupt nicht zu stören scheint, denn jedesmal nickt sie dabei voller Zustimmung, läßt sich bereitwillig einlullen von seiner Stimme und dem sauberen hellen Klang seines in regelmäßigen Abständen aufschnappenden Feuerzeuges. Kleine glitzernde Schweißtröpfchen haben sich auf Vitos Stirn und Nasenspitze gebildet.	
Assoziationen Jos: Sie denkt wieder an Alois – und scheint die Situation im Haus ihrer Mutter nicht mehr zu ertragen, vor der sie dann davonläuft.	Plötzlich rückt er seinen Stuhl näher zu Lucy und sitzt nun direkt vor den Friedhofspappeln, die hinter ihm aufragen, als wüchsen sie aus seinem Kopf. Hastig stehe ich auf, räume den Tisch ab und verschwinde so schnell wie möglich.	Signalwort Bild, Todesmotiv
Jo erkennt, dass Lucy und Vito eine eingeschworene Gemeinschaft bilden, in der für sie – auch wegen der gegensätzlichen Lebenseinstellungen – kein Platz ist.	In der Küche höre ich von fern ihre Stimmen, ihre immer lauter und aufgeregter werdenden Stimmen, die sich allmählich einpuppen und gemeinsam einen Kokon aus Wörtern bilden. Und Lucys Kichern in Vitos Lachen hinein, in dieses hingeworfene Lachen, das keine Freude in sich birgt; nur eingepflanzte, satt gewordene Zufriedenheit.	Widerspruch Metapher Sentenz

Folgende Gesichtspunkte können sich bei der Analyse des vorliegenden Textauszugs ergeben:

Zu Inhalt und Aufbau:
- Der Textauszug beschreibt eine Szene aus Jos **Aufenthalt bei ihrer Mutter in Südeuropa**. Es handelt sich um die Szene, als Vito, der neue Freund der Mutter, zum ersten Mal zu ihr nach Hause kommt. Das ist auch das erste Mal, dass Vito und Jo sich begegnen.
- Die Untersuchung der Grobgliederung ergibt, dass der Textauszug aus **zwei Teilen** besteht: Der erste Teil (Z. 1–37) thematisiert die Ankunft von Vito von den Vorbereitungen bis zu sei-

nem Eintreffen. In diesem Teil finden sich **mehrere Rückerinnerungen** der Ich-Erzählerin. Der zweite Teil (Z. 38–88) setzt mit der ersten Begegnung von Jo und Vito ein und führt über eine **szenische Darstellung** zur Reflexion Jos über das soeben Erlebte.
- Eine Feinanalyse ergibt eine Gliederung in **sechs Sinnabschnitte**. Erzählerbericht, Reflexion, wörtliche und indirekte Rede wechseln sich ab.

Zur Erzählhaltung:
- Die Szene ist aus der Sicht der **Ich-Erzählerin** Jo geschrieben.
- Das **Erzählverhalten ist personal**, das Geschehen ist weitgehend aus der **Außenperspektive** dargestellt. Es wechselt jedoch an manchen Stellen, z. B. bei den Reflexionen der Ich-Erzählerin, in die Innenperspektive.
- Die Figurenrede ist in der Form der **direkten Rede** wiedergegeben.

Zur sprachlich-stilistischen Gestaltung:
- Der Textauszug ist in der **Alltagssprache** verfasst, der parataktische Stil ist vorherrschend.
- Die **Satzstellung** zeigt gerade beim Erzählerbericht wenig Variationen (häufige 1. Stellung des Subjekts).
- An manchen Stellen verwendet die Ich-Erzählerin **Vergleiche** und **Metaphern**. Auffällig sind die verwendeten **Motive**, die z. T. in engem Zusammenhang mit der Romanhandlung stehen (Friedhofspappeln als Motiv für den Tod, der dadurch gleichsam allgegenwärtig wirkt).
- Ein anderer Motivkomplex ist mit den vorkommenden **Geräuschen** verbunden. Die Geräusche dienen der Charakterisierung der Figuren und beschreiben ihre jeweiligen Lebenseinstellungen. So werden Lucy und Vito als laut, die von ihnen verursachten Geräusche oft als grell beschrieben, was ihre extrovertierte Haltung spiegelt. In Zusammenhang mit der introvertiert dargestellten Jo herrscht Ruhe vor, sie verhält sich leise, oft so unauffällig, dass sie nicht wahrgenommen wird.

4.10 Musterklausur

```
Analysieren und interpretieren Sie den Textaus-
zug aus Zoë Jennys Roman „Das Blütenstaubzimmer".
Gehen Sie dabei auf die sprachliche Gestaltung,
die Motivik und die Charakterisierung der Personen
ein. Aussagekräftig ist auch der Stellenwert die-
ser Szene im Roman.
```

4

Gliederung:

A. „Das Blütenstaubzimmer" – ein Roman an die Adresse der Eltern der 68er-Generation?
B. Analyse und Interpretation des Textauszugs aus Zoë Jennys Roman „Das Blütenstaubzimmer"
   I. Inhaltliche Gliederung
   II. Erzähltechnik
      1. Ich-Erzähler
      2. personales Erzählverhalten
      3. Außen- und Innenperspektive
   III. Sprachliche Gestaltung
      1. Stilebene
      2. Wortwahl
   IV. Motivik
      1. Todesmotiv
      2. Motiv der ewigen Wiederkehr
      3. Vergänglichkeit
      4. Geräusch-Motivik
   V. Charakterisierung der Figuren
C. Die Vielschichtigkeit dieses Romans

Ausführung:

Einleitung:
Bezug auf den Klappentext

„Es ist einer der ersten und radikalsten Romane der Technogeneration, adressiert in aller Härte an die 68er Eltern." - so urteilt der Kritiker der Zeitschrift „Facts" über Zoë Jennys Debütroman „Das Blütenstaubzimmer". Ob diese Einschätzung dem Roman wirklich gerecht wird, soll im Folgenden am Beispiel des Textauszugs untersucht werden.

Untersuchung der Erzähltechnik
Gliederung in Sinnabschnitte

Der Text lässt sich in sechs Sinnabschnitte gliedern: Im ersten Abschnitt (Z. 1-12) schildert die Erzählerin Jo, wie ihre Mutter Lucy das gemeinsame Abendessen mit ihrem Freund Vito vorbereitet. Vergeblich wartet sie darauf, von ihrer Mutter um Mithilfe gebeten zu werden. Daraufhin (Z. 13-16) malt sich Jo in einem Tagtraum aus, wie ihre Mutter während ihrer Kindheit in der Küche das Essen gemacht hatte. Um sich später daran erinnern zu können, versucht sie, sich die Wahrnehmungen in ihr Gedächtnis einzuprägen. Der Tagtraum wird jedoch jäh unterbrochen, als Vito erscheint (Z. 16-27). Lucy führt ihn zunächst in die Bibliothek. Dies ruft wiederum Erinnerungen bei Jo hervor (Z. 27-37): Alois, Lucys verstorbener Ehemann, hatte an dieser Stelle gemalt und Jo einmal gefragt, ob sie an die Vergänglichkeit glaube, woraufhin Jo keine Antwort gewusst hatte. Der nächste Abschnitt (Z. 38–82) gibt das Gespräch zwischen Lucy, Jo und Vito vor und während des Essens wieder. Jo, die von Lucy als deren kleine Schwester ausgegeben wird, erzählt Vito auf dessen Fragen von ihrem Job bei der Post. Danach klinkt sie sich aus dem Gespräch aus, während Vito erzählt, dass er für die Millenniumspilger Hotels baue. Im letzten Sinnabschnitt (Z. 83–88) zieht sich Jo zunächst geistig, dann auch körperlich zurück und schildert ihren Eindruck von Vito.

Die inhaltliche Gliederung lässt sich auch formal in Bezug auf die Erzählperspektive feststellen. Jo als Ich-Erzählerin schildert ihre Wahrnehmungen, Eindrücke und Empfindungen. Sie zeigt also personales Erzählverhalten. Dabei erzählt sie die Geschehnisse der Erzählgegenwart, also während des Abendessens mit Vito, im Wesentlichen aus der Außensicht; jeder andere hätte die gleichen Eindrücke, die sie in den Abschnitten 1, 3 und 5 äußert. Sobald jedoch ihre Gedanken in Vorstellungen, Erinnerungen und Gefühle abschweifen, sind diese individuell nur für sie wahrnehmbar. Ein Außenstehender, der Jos Vergangenheit nicht kennt, könnte nicht nachvollziehen, warum sie sich ihre Mutter als Teil einer heilen Familie vorstellt. Genauso wenig hätte er dieselben Assoziationen, die Jo hat, als sie Lucy und Vito in der Bibliothek sieht. Auch Vito würde auf einen neutralen Beobachter sicherlich anders wirken als auf Jo, die selbst in das Geschehen involviert ist. Vielleicht würde er ihn für einen aufgeschlossenen und angenehmen Menschen halten, während Jo ihn von Beginn an ablehnt und ihn z. B. als „schnaubendes Flußpferd" (Z. 67) bezeichnet. Auffallend ist hierbei besonders, dass sie im zweiten Abschnitt die objektiven Wahrnehmungen mit ihren subjektiven Empfindungen verknüpft. Die Geräusche, die ihre Mutter macht, sind real; ihre Kindheitsvorstellung aber entspringt ihrer Phantasie. Dabei schreibt sie den Text ähnlich, wie sie selbst empfindet, da in ihren Gefühlen keine klare Trennung zwischen Realität und Phantasie stattfindet, auch wenn sie weiß, dass ihr „Traum" (Z. 6) nicht viel mit der Wirklichkeit zu tun hat.

Ich-Erzähler

Personales Erzählverhalten

Außenperspektive

Innenperspektive

Inhaltlich ist zwar Jos Gedankenfluss von zentraler Bedeutung, sprachlich bleibt die Autorin aber

Sprachliche Gestaltung

4

Alltagssprache

den Regeln der deutschen Grammatik treu und verwendet vollständige Sätze. Dabei benutzt sie Begriffe aus dem gemeinsprachlichen Wortschatz, was den Roman für alle Leserkreise verständlich macht. Des Weiteren erleichtert sie das Verständnis durch relativ kurze Sätze. Kaum ein Satz ist länger als zwei oder drei Zeilen; auf lange Schachtelsätze, die erst entworren werden müssten, verzichtet sie ganz. Dabei wirkt die Sprache jedoch nicht etwa plump oder unbeholfen, da sie überwiegend in hypotaktischem Stil schreibt. Da das sprachliche Verständnis keine Schwierigkeiten bereiten dürfte, kann sich der Leser in erster Linie auf den Inhalt und die bei näherem Hinsehen doch recht komplexen Hintergründe konzentrieren.

Einfache Wortwahl

Sprachlich-stilistische Mittel

Die wichtigsten Stilmittel des Textes sind Vergleiche, Bilder und Metaphern. Schon zu Beginn bleibt Jo „wie festgefroren" (Z. 2) im Garten sitzen, anstatt ihrer Mutter in der Küche zu helfen. Dies bringt zum Ausdruck, welche Hemmungen sie hat, auf Lucy zuzugehen. Dagegen scheint Vito kein Problem zu haben, die Distanz zwischen sich und Jo zu überwinden. Bildlich wird dies dargestellt, indem er die räumliche Trennung „von der Gartentür bis zum Liegestuhl eilig" durchschreitet (Z. 41f.). Im Gegensatz zu Vito geht das der eher introvertierten Jo aber zu schnell, sodass sie sich mit Fragen „überschüttet" (Z. 42) und regelrecht überfallen fühlt. Sie entwickelt daraufhin eine Abneigung gegen diesen Mann, die sie durch mehrere Vergleiche bildhaft zum Ausdruck bringt. Regelrecht angewidert wirkt sie von seinem Redeschwall, empfindet sich als „zugeschüttet" (Z. 69) und „taubstumm" (Z. 69), also unfähig, am Gespräch teilzunehmen. Ihr Gefühl des Ausgegrenztseins kommt auch dadurch zum Ausdruck, wie sie das gute Verhältnis zwischen Vito und ihrer Mutter beschreibt. Anstatt sich zu freuen, dass diese wieder ein normales Leben gefunden hat, wirft sie ihr insgeheim vor, sie würde sich allmählich „einpuppen" und einen „Kokon aus Wörtern bilden" (Z. 85).

Bilder

Vergleiche

Insgesamt lässt sich also feststellen, dass Jo ihre Empfindungen nicht direkt ausdrückt, sondern dem Leser durch sprachliche Bilder zu verstehen gibt, wie sie fühlt.

Habe ich bis hierher die Szene weitgehend isoliert betrachtet, setze ich sie nun in Bezug zum gesamten Roman. Auffallend ist dabei vor allem die Motivik, auf die ich deshalb auch die Interpretation gründen möchte. Nahezu alle Motive, die im Verlauf des Romans vorkommen, treten auch hier in komprimierter Form in Erscheinung.

Motivik

Zum einen ist hier das Todesmotiv zu nennen. Beim gemeinsamen Abendessen sitzt Jo wie zufällig so, dass sie direkt hinter Vitos Kopf die Friedhofspappeln sieht, so „als wüchsen sie aus seinem Kopf" (Z. 80f.). Dabei handelt es sich nicht um irgendwelche Bäume, sondern um jene, die bei Alois' Grab stehen. Um diese Bäume nicht sehen zu müssen, hatte Lucy extra ihr Bett vom Fenster weggerückt, weil sie nicht mehr an Alois' Tod erinnert werden wollte, den sie in ihren Augen so erfolgreich verdrängt hatte. Auch an diesem Abend nimmt sie den Bezug zwischen Alois und Vito nicht wahr, bildlich gesehen ist dies auch nicht möglich, da sie ihn von einem anderen Standpunkt aus betrachtet und somit die Pappeln nicht sehen kann. Für Lucy gehört Alois der Vergangenheit an, sie aber lebt in der Gegenwart und will dieses Leben auch genießen, wozu auch die Männer, wie z.B. Vito, gehören. Jo weiß jedoch, dass ihre Mutter Alois' Tod keineswegs verarbeitet hat, und dass sie mit ihrer oberflächlichen Fröhlichkeit versucht, den nicht überwundenen Verlust zu überspielen. Sie ist also nicht mit Vito wegen dessen Persönlichkeit zusammen, sondern weil sie Ersatz sucht für den Mann, den sie verloren hat. Zur Verdrängung von Alois' Tod gehört auch, dass Lucy sich selbst einredet, es sei ein Unfall gewesen, während Jo davon überzeugt ist, dass es Selbstmord war. Ein Unfall ist im Allgemeinen leichter zu akzeptieren, er ist nicht voraussehbar, meist grundlos und durch Zufälle bedingt, die als Schicksal bezeichnet werden. Dagegen ist ein Selbstmord zumeist länger geplant, der Tod wird absichtlich herbeigeführt und vor allem gibt es Gründe. Um damit fertig zu werden, hätte Lucy also nach Gründen suchen müssen, die Alois zu dieser Tat getrieben haben. Da sie als Ehefrau ihm aber sehr nahe stand, wäre dies für sie sehr schmerzlich gewesen, da sie wohl hätte feststellen müssen, dass ihre Beziehung nicht so perfekt war, wie sie es sich eingebildet hatte. War also Alois

Todesmotiv

4

Motiv der ewigen Wiederkehr

Relevanz des Motivs durch Verweis auf andere wichtige Werke aus Philosophie und Literatur

Geräusch-Motivik

Charakterisierung der Figuren

auch nur ein Ersatz für die zu Bruch gegangene Liebe zu Jos Vater? Dies würde bedeuten, dass Lucy nicht aus ihren Erfahrungen lernt und zwangsläufig immer wieder dieselben Fehler macht, sodass auch ihre Beziehung zu Vito und eventuelle Folgebeziehungen scheitern müssen. Diese Gedanken hat schon Nietzsche in seiner Theorie der Ewigen Wiederkehr behandelt, die auch am Anfang des Romans „Die unerträgliche Leichtigkeit des Seins" von Milan Kundera thematisiert wird, also ein wichtiges Thema des modernen Romans ist. Damit in Verbindung steht auch die Vergänglichkeit sowohl von Menschen als auch von Dingen, die Alois in der Bibliothek anspricht (vgl. Z. 32–34). Auch hier ist erkennbar, dass er sich mit so tiefgründigen Themen wie Leben und Tod beschäftigt und wahrscheinlich schon seinen Selbstmord plante.

Ein weiteres wichtiges Motiv sind Jos Sinneswahrnehmungen, die in dieser Szene vor allem durch Geräusche zum Ausdruck kommen. Dabei fällt auf, dass sie die Geräusche, die Lucy in der Küche macht, als angenehm empfindet. Jo, die im Garten liegt, nimmt das „Klappern" (Z. 5) durch das Haus nur gedämpft wahr. Diese Geräusche laden sie zum Tagträumen ein, sie hat zumindest für kurze Zeit die Illusion einer heilen Familie, die sie mit aller Macht zu „konservieren" (Z. 13) versucht, da sie genau weiß, dass die Realität anders aussieht. In diese wird sie dann auch durch Vitos Klingeln zurückgeholt, dieses Geräusch empfindet sie folglich als „grell" (Z. 16), zu laut und störend, wie auch alle Folgegeräusche, die Vito verursacht. Dadurch wird sie an ihre zerrütteten Familienverhältnisse erinnert: Seit der Trennung ihrer Eltern ist sie ständig auf der Suche nach Geborgenheit und Ruhe, sowohl im konkreten wie auch im übertragenen Sinn. Die Geräusche sind auch ein Sinnbild für die Charaktere der Personen. Jo, die durch die eigene Situation, wohl aber auch charakterlich bedingt, eher still und in sich gekehrt ist, sieht das Leben tiefgründig und durchschaut die Oberflächlichkeit anderer, vor allem ihrer Mutter, als aufgesetzte Maske. Parallel dazu will sie Ruhe, auch akustisch, um zu sich selbst finden zu können. Dagegen sind Lucy und Vito typische Vertreter der Spaßgesellschaft, für die es möglichst bunt und laut zugehen muss. Mit diesen Geräuschen versuchen sie, ihre eigenen Seelenschmerzlaute zu übertönen, abzuschalten und das, was sie wirklich bewegt, zu vergessen.

Zoë Jennys Roman ist also sicher auch eine Kritik an der 68er-Generation, wie „Facts" behauptet. Dies ist aber nur ein Teilaspekt des sehr vielschichtigen Romans, weitere wesentliche Aspekte sind z. B. die Themenkreise Tod, Vergänglichkeit und ewige Wiederkehr des Gleichen sowie die Identitätssuche der jungen Jo.

Schluss:
abschließende Wertung

Zusammenfassung: Prosatextanalyse

Der erste Zugang zu einem erzählenden Text:
- Genaues, mehrmaliges Lesen
- Anstreichen von Auffälligkeiten und unklaren Stellen
- Anbringen von Verweisen innerhalb des Textes
- Notieren von spontanen Einfällen zu Inhalt, Sprache, Situation, Autor usw.

Reflexion des Inhalts:
- Worum geht es? Was ist der Inhalt des Textes? Welches Thema wird behandelt?
- Wann spielt die Handlung? Welche Konsequenzen hat das?
- Wo ist die Handlung räumlich angesiedelt? Gibt es Ortswechsel? Welche Bedeutung haben sie?
- Welchen Verlauf nimmt die Handlung?

Betrachtung der Personen:
- Welche Personen kommen vor? Wer sind die handelnden Personen? Was erfährt man über sie?
- In welcher Beziehung stehen sie zueinander? Was verbindet sie, was trennt sie?
- Passen ihr Handeln und ihre Äußerungen zu ihrem Charakter?

Analyse der erzähltechnischen Aspekte:
- Gibt es einen Ich oder einen Er/Sie-Erzähler?
- Welches Erzählverhalten und welche Erzählperspektive liegt vor? Sind diese einheitlich oder wechseln sie? Welche Einsichten ergeben sich daraus für den Leser?
- Wie ist die Erzählerrede gestaltet? Welche Besonderheiten zeigt sie?
- Kommt im Text Figurenrede vor? Wie ist sie gestaltet? Welche Erkenntnisse lassen sich daraus ableiten?
- Wie ist das Verhältnis von erzählter Zeit und Erzählzeit?
- Wie ist die erzählte Zeit strukturiert? Wird chronologisch erzählt oder gibt es Zeitsprünge, Vorausdeutungen und Rückblenden? Warum werden sie eingesetzt?
- In welcher Beziehung steht der Ort der Handlung zum Geschehen und zu den Figuren?

Analyse der Form:
- Gibt es eine Einleitung? Welche Funktion hat sie?
- Welche Erzählschritte finden sich in dem Text? Wie lang sind sie? Welche Informationen über die Wichtigkeit der Handlung kann man ihnen entnehmen?
- Besteht der Text nur aus einer Handlungseinheit oder gibt es Nebenhandlungen? In welchem Verhältnis stehen die Haupt- und die Nebenhandlung(en) zueinander?
- Wie ist der Schluss gestaltet? Bringt er das Geschehen zu einem Abschluss oder bleibt der Ausgang offen?

Betrachtung der Sprache:
- Gibt es Schlüsselwörter? Worauf deuten sie hin?
- Welche Motive kommen vor? Gibt es darunter Leitmotive?
- Welche Stilebene liegt vor? Ist sie einheitlich? Was haben mögliche Abweichungen zu bedeuten?
- Welche sprachlich-stilistischen Mittel sind auffällig?
- Was lässt sich über die Satzgestaltung bzw. die Satzarten aussagen? Gibt es auffallende Änderungen oder Brüche?
- Gibt es Auffälligkeiten in der Wortwahl? Worauf lassen sie schließen?
- Was zeigt der Tempusgebrauch?

Abschließend:
- Welches Geschehen ist im vorliegenden Text dargestellt?
- Wie endet die Handlung?
- In welche Epoche kann man den Text einordnen? In welchem Bezug zur historischen Realität dieser Epoche steht er?
- Welcher Gattung gehört der Text an?
- Wer ist der Autor des Textes? In welchem Zusammenhang zu seinem Werk steht dieser Text?
- Ist die dargestellte Handlung, das Problem, der Konflikt zeittypisch?

Glossar: Stilfiguren

1. Wortfiguren

Begriff	Erklärung	Beispiel
Akkumulation	Aufzählung von Begriffen	„Es sind Kaufleute, Richter, Ärzte, Funktionäre, Kleinbürger, Handwerker, Literaten und Frauen aller Art, jeden Alters, jeden Standes." *(Jakob Wassermann)*
Anapher	Wiederholung eines Wortes oder einer Wortgruppe zu Beginn aufeinander folgender Verse, Strophen oder Sätze	Er kam, er sah, er siegte.
Antonomasie	Umschreibung eines Namens	Barbarossa statt König Friedrich I.
Diminutiv	Verkleinerungsform	Hündchen statt Hund
Epanalepse	Wiederholung eines Wortes oder einer Wortgruppe innerhalb eines Verses oder Satzes, jedoch nicht unmittelbar aufeinander folgend	Und atmete lang und atmete tief *(Schiller, Der Taucher)*.
Epipher	Wiederholung eines Wortes oder einer Wortgruppe am Ende von aufeinander folgenden Verse, Strophen oder Sätze (Umkehr der Anapher)	… gegen mich nicht, ohne mich nicht.
Exemplum	Beispiel	Viele Tiere, Ameisen, Mäuse und Elefanten, konnte man bewundern.
Figura etymologica	Verbindung eines Verses mit einem stammverwandten Nomen	Lernen lernen.
Geminatio	Wiederholung eines Wortes oder einer Wortgruppe am Satzanfang oder innerhalb eines Verses	mein Vater, mein Vater
Litotes	Ausdruck eines Sachverhaltes durch sein Gegenteil	nicht unattraktiv (für sehr schön)

Metonymie	Ersetzung eines sinntragenden Wortes durch ein anderes, wobei das Verständnis nicht gestört wird	Ich lese gerade Goethe (für ein Werk von Goethe).
Neologismus	Wortneuschöpfung	Tagleuchter (für Fenster)
Oxymoron	Kombination von sich ausschließenden Begriffen	„Finster wars, der Mond schien helle…" *(Erich Kästner)*
Personifikation	Darstellung abstrakter Begriffe oder lebloser Dinge als Person oder belebte Wesen	Väterchen Frost
Pleonasmus	Verbindung zweier Begriffe, von denen einer im anderen enthalten ist	weißer Schimmel
Polyptoton	Wiederholung mit Kasusveränderung	Aug um Auge
Repetitio	Wiederholung	Sie liefen und liefen und liefen…
Synekdoche	Ein Teil steht für das Ganze.	Sie kreuzen die Klingen (statt Schwerter)
Tautologie	Einen Sachverhalt doppelt wiedergebende Fügung.	voll und ganz
Wiederholung	Mittel der Intensivierung	Es war still, ganz still.
Wortspiel	gewollte Verbindung von Klangähnlichkeit und unterschiedlicher Bedeutung bzw. Doppeldeutigkeit des Ausdrucks	Lerche – Lärche

2. Satzfiguren

Anadiplose	Wiederholung des letzten Wortes oder der letzten Wortgruppe eines Verses oder Satzes am Beginn des darauf folgenden Verses oder Satzes	einer für alle, alle für einen
Anakoluth	grammatisch unrichtige Konstruktion eines Satzes (Satzbruch)	Ich weiß nicht, was soll es bedeuten (statt: Ich weiß nicht, was es bedeuten soll).
Asyndeton	gleichrangige Fügung von Wörtern oder Sätzen	Straßen, Häuser, Menschen

Chiasmus	Überkreuzstellung zweier Wortgruppen oder Sätze	Die Kunst ist lang und kurz ist unser Leben.
Ellipse	grammatisch unvollständiger Satz	Ende gut, alles gut.
Hypotaxe	Satzgefüge aus Haupt- und Nebensätzen	Während Tanja zur Arbeit ging, blieb Simon zu Hause.
Inversion	Veränderung der üblichen Wortstellung	Allein kommt ein Unglück selten.
Klimax	steigernde Anordnung von Wörtern oder Wortgruppen	schlau – schlauer – am schlauesten
Parallelismus	gleiche Satzstellung in aufeinander folgenden Sätzen	Friede den Hütten, Krieg den Palästen *(Georg Büchner)*.
Parataxe	Nebeneinanderstellung gleichberechtigter Hauptsätze (Satzreihe)	Tanja ging zur Arbeit und Simon blieb zu Hause.
Parenthese	Einschub	Das ist - kurz gefasst - meine Meinung.
Polysyndeton	Reihung gleichgeordneter Wörter, Satzglieder oder Satzteile mit verbindenden Konjunktionen	Und es wallet und siedet und brauset und zischt *(Friedrich Schiller)*.
Zeugma	Verbindung mehrerer Nomina durch ein Verb, das nur zu einem Nomen passt	Er hatte Mut und ein Schwert bei sich.

3. Stilfiguren

Allegorie	bildliche Darstellung eines abstrakten Begriffs	Sensenmann (für Tod)
Apostrophe	direkte Anrede abwesender Personen oder Objekte	Saget, Steine, mir an, oh sprecht, ihr hohen Paläste *(Goethe)*.
Archaismus	veralteter sprachlicher Ausdruck	obsiegen (für siegen)
Euphemismus	beschönigende Umschreibung	entschlafen (für sterben)
Metapher	Übertragung eines Wortes in einen anderen Sinnbereich, um diesen zu veranschaulichen.	ein Meer von Plagen

Symbol	bildhaftes, über die eigentliche Wortbedeutung hinausweisendes Zeichen	Kreuz (für Christentum)
Synästhesie	Verbindung verschiedener Sinneseindrücke	„Golden wehn die Töne nieder." *(Brentano)*
Vergleich	Herstellung einer Gemeinsamkeit zwischen zwei Bereichen	weiß wie der Schnee

4. Gedankenfiguren

Allusion	Anspielung	Sie wissen ja, was ich damit meine.
Anrede	Hinwendung an den Adressaten	Sehr geehrte Damen und Herren!
Anruf	Hinwendung an den Adressaten	So glauben Sie mir doch!
Antithese	Gegenüberstellung von Gegensätzlichem	groß und klein
Aphorismus	knapp formulierter Gedanke	Wer nicht hören will, muss fühlen.
Aposiopese	Verschweigen des Wichtigen	„Ich könnte es sagen, aber..." *(Gerhart Hauptmann)*
Beispiel	Verwendung eines konkreten Einzelfalls zur Verdeutlichung einer allgemeinen Aussage.	
Chiffre	schwer zu entschlüsselndes Bild	„Schwarze Milch der Frühe" *(Paul Celan)*
Contradictio in adjecto	semantisch widersprüchliche Verbindung eines Substantivs und seines Attributs	alter Knabe
Correctio	Verbesserung (zur Verdeutlichung der Aussage)	Eindringlich, ja beschwörend sprach sie...
Hyperbel	Übertreibung	Ich warte schon eine Ewigkeit.
Ironie	Das Gegenteil von dem, was gesagt wird, ist gemeint.	Du bist mir ja ein schöner Freund!

Katachrese	Vermischung von nicht zusammenpassenden Bildern	Wenn alle Stricke reißen, hänge ich mich auf.
Klimax	Steigerung	Er kam, sah, siegte.
Paronomasie	Wortspiel	„Die Bistümer sind verwandelt in Wüsttümer." *(Schiller)*
Periphrase	Umschreibung eines Begriffs durch mehrere Wörter	der Allmächtige (für Gott)
Rhetorische Frage	Nur scheinbare Frage, deren Antwort bereits feststeht.	Wer möchte nicht in Frieden leben?

5. Klangfiguren

Alliteration	gleicher Anlaut mehrerer bedeutungstragender Wörter (Stabreim)	Mann und Maus
Apokope	Wegfall eines Lautes am Ende des Wortes	Manch' bunte Blumen sind an dem Strand" *(Goethe, Erlkönig)*
Emphase	phonetische Hervorhebung eines Wortes	Das hast du damit gemeint!
Onomatopoesie	Lautmalerei; d. i. schallnachahmende Wortbildung	Kikeriki
Synkope	Ausfall eines kurzen Vokals im Wortinneren	gnäd'ger Gott

Textquellenverzeichnis

S. 5: Hans Magnus Enzensberger: Bescheidener Vorschlag zum Schutze der Jugend vor den Erzeugnissen der Poesie, aus: Hans Magnus Enzensberger: Mittelmaß und Wahn. Gesammelte Zerstreuungen, Suhrkamp Verlag, Frankfurt/M. 1988, S. 28 f.

S. 10: Andreas Gryphius: Es ist alles Eitel, aus: Peter Jentzsch: Gedichte des Barock, Reclam Verlag, Stuttgart 1993, S. 50

S. 17: Albert Ostermeier: Ratschlag für einen jungen Dichter, aus: Albert Ostermeier: Herz Vers Sagen. Gedichte. Suhrkamp Verlag, Frankfurt/M. 1995, S. 9

S. 19: Erich Fried: Exil, aus: Gesammelte Werke, hrsg. von Volker Kaukoreit und Klaus Wagenbach. Gedichte 1. Klaus Wagenbach Verlag, Berlin 1993, S. 41

S. 21: Joseph von Eichendorff: Mondnacht, aus: Werke in sechs Bänden, hrsg. von Hartwig Schultz. Bd. 1: Gedichte, Versepen. Deutscher Klassiker Verlag, Frankfurt/M. 1987, S. 322

S. 21: Johann Wolfgang von Goethe: Wandrers Nachtlied (Ein Gleiches), aus: Werke. Hamburger Ausgabe, textkritisch durchgesehen und kommentiert von Erich Trunz. Deutscher Taschenbuch Verlag, München, Bd. 1: Gedichte und Epen I, S. 142. © 1981 C.H. Beck´sche Verlagsbuchhandlung, München

S. 22: Conrad Ferdinand Meyer: Auf dem Canal grande, aus: Sämtliche Werke in zwei Bänden, hrsg. von Erwin Leaths. Winkler Verlag, München 1968, Bd. 2, S. 85

S. 23: Eduard Mörike: Das verlassene Mägdlein, aus: Sämtliche Werke in zwei Bänden, hrsg. von Helga Unger. Winkler Verlag, München 1967, Bd. 1, S. 703

S. 24: Eisenbahnunglück auf der Taybrücke, aus: Zürcherische Freitagszeitung vom 2. Januar 1880

S. 24: Theodor Fontane: Die Brück´ am Tay, aus: Sämtliche Romane, Erzählungen, Gedichte, Nachgelassenes. Bd. 6. Carl Hanser Verlag, München/Wien 1964, S. 285ff.

S. 46: Johann Wolfgang von Goethe: Erster Verlust, aus: Werke. Münchner Ausgabe, hrsg. von Hartmut Reinhardt. Carl Hanser Verlag, München 1987, Bd. 2.1, S. 100

S. 46: Karin Kiwus: Lösung, aus: Karin Kiwus: Angenommen später. Gedichte. Suhrkamp Verlag, Frankfurt/M. 1979, S. 23

S. 57: Bertolt Brecht: Der gute Mensch von Sezuan, Epilog. Suhrkamp Verlag, Frankfurt/M. 1990, S. 144

S. 62: Gotthold Ephraim Lessing: Hamburgische Dramaturgie, 75. Stück. Aus: Gotthold Ephraim Lessing: Werke, hrsg. von Herbert G. Göpfert in Zusammenarbeit mit Karl Eibl, Helmut Göbel, Karl S. Guthke, Gerd Hillen, Albert von Schirnding und Jörg Schönert, Bd.1–8, Carl Hanser Verlag, München 1970 ff., Band 4, S. 578

S. 74: Johann Wolfgang von Goethe: Faust. Der Tragödie erster Teil, aus: Werke. Hamburger Ausgabe, a.a.O., Bd. 3: Dramatische Dichtungen I, S. 20

S. 79: Friedrich Dürrenmatt: Die Physiker. Diogenes Verlag, Zürich 1985, S. 11

S. 80: Max Frisch: Andorra. Suhrkamp Verlag, Frankfurt/M. 1975, S. 124

S. 92 f.: Georg Büchner: Woyzeck. Ausgewählt und eingeleitet von Thomas Kopfermann und Hartmut Stirner. Ernst Klett Verlag, Stuttgart 1996, S. 12ff.

S. 106: Benjamin von Stuckrad-Barre: Soloalbum. Verlag Kiepenheuer & Witsch, Köln 1998, S. 16

S. 106: Sten Nadolny: Die Entdeckung der Langsamkeit. Piper Verlag, München 1998, S. 9

S. 107 f.: und 111: Alfred Döblin: Berlin Alexanderplatz. Deutscher Taschenbuch Verlag, München 1989, S. 37, 42, 44

S. 109:	Thomas Mann: Bekenntnisse des Hochstaplers Felix Krull. Fischer Verlag, Frankfurt/M. 1981, S. 1
S. 110:	Thomas Mann: Der Tod in Venedig. Fischer Taschenbuch Verlag, Frankfurt/M. 1978, S. 13
S. 110:	Gerhart Hauptmann: Bahnwärter Thiel. Reclam Verlag, Stuttgart 1966, S. 1
S. 116:	Heinrich Böll: Die verlorene Ehre der Katharina Blum. Deutscher Taschenbuch Verlag, München1976, S. 26 f.
S. 116:	E.T.A. Hoffmann: Der Sandmann. Aus: E.T.A. Hoffmann: Fantasie- und Nachtstücke. Hrsg. v. Walter Müller-Seidel. Winkler Verlag, München 1960, S. 334
S. 117:	Max Frisch: Homo faber. Suhrkamp Verlag, Frankfurt/M. 1977, S. 24
S. 117:	Gottfried Keller: Kleider machen Leute. Aus: Gottfried Keller: Sämtliche Werke in acht Bänden. Aufbau Verlag, Berlin 1961, Band 6, S. 306
S. 135ff.:	Zoë Jenny: Das Blütenstaubzimmer. btb Taschenbuch, Frankfurt/M. 1997, S. 47 ff.

Bildquellenverzeichnis

S. 5: Quint Buchholz, BuchBilderBuch, 45 Bilder mit 45 Texten von Herbert Achternbusch bis Paul Wühr. Mit einem Vorwort von Michael Krüger. © 1997 Sanssouci im Carl Hanser Verlag, München/Wien – S. 10: Historisches Bildarchiv Lolo Handke, Berneck – S. 17: Corbis (Bettmann), Düsseldorf – S. 18: Corbis (Archivo Iconografico, S.A.), Düsseldorf – S. 19: Picture-Alliance (akg-images/Brigitte Hellgoth), Frankfurt/M. – S. 21: AKG, Berlin – S. 22 und 23: Picture-Alliance (akg-images), Frankfurt/M. – S. 24 und 57: Picture-Alliance (dpa), Frankfurt/M. – S. 58: ullstein bild, Berlin/AKG-Pressebild – S. 59 und 62: ullstein bild, Berlin – S. 65: Picture-Alliance (dpa/Berg), Frankfurt/M. – S. 74: Corbis (Bettmann), Düsseldorf – S. 75 oben: Picture-Alliance (dpa/Baege) – S. 75 unten: Ruth Walz – S. 103: Creativ Collection Verlag GmbH, Freiburg – S. 104: Goethe Museum, Düsseldorf – S. 109 oben und unten und 112: Picture-Alliance (akg-images), Frankfurt/M. – S. 121: Picture-Alliance (dpa), Frankfurt/M. – S. 122: Picture-Alliance (dpa/Elsner), Frankfurt/M. – S. 135: Picture-Alliance (dpa/Hanschke), Frankfurt/M.

Der Verlag hat sich nach bestem Wissen und Gewissen bemüht, alle Inhaber von Urheberrechten an Texten und Abbildungen zu diesem Werk ausfindig zu machen. Sollte das in irgendeinem Fall nicht korrekt geschehen sein, bitten wir um Entschuldigung und bieten an, gegebenenfalls in einer nachfolgenden Auflage einen korrigierten Quellennachweis zu bringen.

Sachregister

Absurdes Theater 73, 87
Adressat 23
Akt 67
Alexandriner 26 ff.
Allegorie 36
Anapäst 26 ff.
Anekdote 13, 128
Antagonist 75
Auftakt 29
Auftritt 67
Aufzug 67
Autor 105 ff.

Ballade 13, 24 f., 40
Barock 10
Basissatz 8
Beiseitesprechen 83
Beleuchtung 58
Bewusstseinsstrom 111
Bild 9 f., 18, 35 f., 67 ff.
Blankvers 26, 28
Botenbericht 83
Bühnenbild 58
Bürgerliches Trauerspiel 13, 63, 87

Charakter 75 f.
Charakterisierung 9, 76 f., 115 ff.
Chevy-Chase-Strophe 32
Chiffre 18, 36
Chorgesang 83
Collage 113

Daktylus 25 ff.
Dialog 9, 58, 80 ff.
Dialoggedicht 20 ff.
Dingsymbol 113
Dionysien 58
Distichon 28, 31
Dokumentartheater 13, 72, 87
Drama 9, 57 ff., 67 ff.
Dramatik 13

Elegie 40
éleos 62 f.
Enjambement 29 f.
Epigramm 40
Episches Theater 13, 71 f.
Epos 13, 104, 131
Er/Sie-Erzähler 9, 106 f.
Erzähler 9, 104, 105 ff.
Erzählerrede 9, 109 ff.
Erzählerstandpunkt 9, 105 ff.
Erzählhaltung 104
Erzählphasen 112
Erzählte Zeit 121 f.
Erzählung 13, 130
Erzählverhalten 9, 107 ff.
Erzählzeit 121 f.
Experimentelles Theater 13, 87
Exposition 68

Fabel 13, 59, 128
Figur 74 f., 115 ff.
Figurenkonfiguration 79
Figurenkonstellation 78 f.
Figurenkonzeption 9, 77 f., 115
Figurenrede 9, 109 ff.
Freie Rhythmen 33

Gedicht 13, 17 ff.
Gelegenheitsgedicht 21
Gestik 58

Handlung 58 ff., 112 ff.
Handlungsschritt 9, 60
Handlungstempo 9, 60
Haupttext 9, 79 ff.
Handlungsstrang 9, 112
Hexameter 28
Hymne 13, 40

Ich-Erzähler 9, 106 f.
Inhaltsangabe 8
Interpretation 6 ff.

Jambus 25 ff.

Kadenz 9, 29
Kalendergeschichte 13, 129
Katastrophe 68 f.
Katharsis 62 f.
Kommunikation 9, 19 ff.
Komödie 13, 58 ff., 65 ff.
Komposition 9
Konkrete Lyrik 40
Konflikt 63, 68 ff.
Kostüm 58
Klang 9, 36 f.
Knittelvers 28
Kulisse 58
Kurzgeschichte 13, 129

Legende 13, 129
Leitmotiv 9 f., 113
Lied 13, 18, 40
Lyra 18
Lyrik 9, 17 ff.
Lyrisches Ich 18, 20 ff.

Märchen 13, 129
Mauerschau 83
Metapher 36
Mimik 58
Monolog 9, 58, 80 ff., 111
Montagetechnik 72, 113
Motiv 104, 127 f.

Nebentext 9, 79 ff.
Novelle 13, 130

Ode 13, 40

Parabel 13, 88, 129
Pentameter 28
Person 74 f.
Personenkonstellation 118
Perspektive 108 f.
phóbos 62 f.
plot 59
Plurimedialität 74
Prosa 9, 103 ff.
Protagonist 75

Quartett 31

Raumgestaltung 9, 84 ff., 126 f.
Regieanweisung 79 f.
Reim 9, 37 ff., 42
Reimschema 18
Rezeption 20
Rhythmus 9, 30, 42
Rolle 58, 74 f.
Rollengedicht 9, 20 ff.
Roman 13, 103 ff., 131
Romanze 13

Sage 13, 130
Schauspiel 13
Schauspieler 58
Schwank 13, 130
Sestine 32
Sonett 13, 40
Song 13
Sprecher 19 ff.
Sprechstück 73, 88
Stanze 32
Stellungnahme 11 f.
Stichomythie 82
Stilebene 9, 84
Stoff 59
story 59
Strophe 18, 30 ff.
Strophenform 30 ff.
Symbol 36
Szene 67

Takt 18, 25 ff.
Terzett 31
Terzine 31
Textanalyse 6 ff.
Textbeschreibung 9
Textdeutung 9
Textwiedergabe 8
Theater des Absurden 13
Thema 59
Tragikomödie 13, 61
Tragödie 13, 58 ff.
Trochäus 25 ff.
Typ 75 ff.

...mdungseffekt 72
... 18
...sform 27 ff.
...rsfuß 18, 25 ff.
Versmaß 9, 26, 42
Verspaarkette 31
Volksbuch 104
Volksliedstrophe 32
Volksstück 13, 88

Zäsur 25 ff.
Zeilenstil 29 f.
Zeitgestaltung 9, 84 ff., 119 ff.
Zuschauer 58

Abiturwissen. Sicher ins Abi.

Klett. Ic

Abiturwissen Deutsch
Deutsche Literatur
Band 1 –
Anfänge bis 1914
ISBN 3-12-929638-7

Abiturwissen Deutsch
Grundbegriffe
der Literatur von A – Z
Definitionen, Beispiele,
Erläuterungen
ISBN 3-12-929788-X

Abiturwissen
Mathematik
Analysis
ISBN 3-12-929639-5

Abiturwissen Englisch
Landeskunde
Great Britain/
United States of America
ISBN 3-12-929635-2

Abiturwissen
Geschichte
Das Dritte Reich
ISBN 3-12-929636-0

AbiWissen kompakt
Biologie
ISBN 3-12-929835-5

Lektürehilfen
J. W. von Goethe
„Faust –
Erster und zweiter Teil"
ISBN 3-12-923002-5

Erhältlich im Buchhandel.

Weitere Informationen finden Sie unter
www.klett.de oder im Lernhilfen-Gesamt-
verzeichnis, das Sie unter der Bestellnummer
P 640027 kostenlos anfordern können.

Ernst Klett Verlag, Postfach 10 60 16, 70049 Stuttgart
Telefon 0711 · 66 72-13 33, Telefax 0711 · 66 72-20 80